아들 셋 엄마의 돈 되는 독서

아들 셋 엄마의 돈 되는 독서

돈도, 시간도 없지만
궁색하게 살긴
싫었다

김유라 지음

차이
정원

많은 주부들이 경제적 자유, 행복한 가정을 꿈꾸지만 그것을 어떻게 이루어야 할지 몰라 고민하곤 한다. 저자 김유라는 누구보다 열렬히 꿈꾸었고 독하게 책을 읽으며 그 꿈을 이루었다. 이 책을 읽는 독자들께서도 기꺼이 그 여정에 함께해주었으면 한다. 책으로 꿈꾸던 삶을 만드는 것, 더이상 꿈이 아니다.

• 이지성, 「이지성의 꿈꾸는 다락방」 저자 •

물질이 아니라 의식의 빈곤함을 가난이라 하지요. 저자는 치열한 육아와 독서를 통해 의식을 성장시켰고 실제 생활에서 부를 창조했습니다. 저는 저자가 꿈을 이루는 과정을 직접 눈으로 본 '돈 되는 독서'의 증인입니다. 이 책을 읽는 모든 독자가 북테크를 실천하여 경제적인 풍요와 시간의 자유를 누리시기 바랍니다.

• 푸름이아빠 최희수, 「배려 깊은 사랑이 행복한 영재를 만든다」 저자 •

돈도, 시간도 없지만 궁색하게 살긴 싫었다

사람들 앞에서 아들 셋을 키우는 전업맘이라고 하면 금세 표정에 애잔함이 어린다. 고생이 많겠다, 대단하다는 말은 물론, 때로는 어쩌자고 그랬냐(?)는 말까지 듣는다. 어떤 마음에서 하는 이야기인지 충분히 이해한다. 사실 나 역시 어쩌자고 이랬나, 하는 생각을 한 적이 여러 번이다.

아침에 일어나자마자 옷가지와 준비물을 챙겨 아이들을 학교와 유치원으로 보낸다. 그래봐야 한숨 돌릴 여유는 없다. 내가 특별히 집안일을 꼼꼼히 챙기는 사람이 아닌데도 다른 집보다 세 배로 많은 청소, 설거지, 빨래가 늘 있었다. 밥 한 끼 먹을 때도 신경쓸 일이 세 배로 많았다. 반찬을 작게 잘라달라, 물 달라, 맛없으니 다른 반찬 해달라, 맛있으니 더 달라 하는 세 아이의 요구를 각각 들어주다보면 앉아 있을

틈도 없었다. 지금은 아이들이 어릴 때보다야 편해졌지만 힘들고 고되긴 매한가지다. 하루종일 기운을 빼도 '평상시'의 집을 겨우 유지할 수 있을 뿐이다.

살림과 육아의 고단함은 차치하고, 무엇보다 나를 괴롭힌 것은 돈, 지긋지긋한 가난이었다. 입고 싶은 옷 안 입고, 먹고 싶은 것 안 먹으며 남편 월급을 아끼고 모아봤자 전세금 오르는 속도를 못 따라갔다. 신혼 때 살던 전셋집 집주인이 전세를 월세로 돌리겠다기에 이사를 가야 했는데, 그 사이 전세금은 수천만원이 올랐다. 게다가 모은 돈을 모두 펀드에 투자했다가 어마어마한 손실을 입었다. 하는 수 없이 아이들을 데리고 물이 새고 벌레가 들끓는 재개발 빌라에 들어가 살았다.

계속 이렇게 살기는 싫었다. 나는 몰라도 소중한 내 아이들에게까지 가난을 물려줄 수는 없었다. 허리띠 졸라매고 아등바등 살아도 달라지지 않는 현실에서 탈피하기 위해 돈을 벌고 싶었다. 하지만 돈을 벌러 나가기엔 아이들이 어렸고, 아이들을 보살피며 진득하게 재테크 강의를 들을 시간을 내기란 불가능했다. 돈도 없고, 돈을 벌기 위해 투자할 시간도 없었다. 그렇지만 나는 돈도, 시간도 없다고 해서 그냥 궁색하게 살기는 싫었다. 그래서 더이상 그렇게 살지 않기로 했다.

‵'전세난민'에서 '아파트 부자'가 된 비결‵

『나는 마트 대신 부동산에 간다』라는 책이 있다. 2016년 10월 말에 출간된 책인데, 2018년 9월 기준 20쇄를 찍고 약 6만 부 정도 팔린 베스트셀러다. 이 책은 아들 셋 키우는 전업맘이 경제와 재테크를 독학해서, 부동산에 투자하고 임대수익과 시세차익을 얻으며 아파트 15채를 보유하게 된 비결을 담고 있다.

책은 '평범한 주부도 돈을 공부하면 부자가 될 수 있다'는 그야말로 꿈같은 이야기를 저자의 경험을 통해 보여준다. 학별도 좋지 않고 머리도 좋지 않은 저자는 오직 독학으로 공부했고, 그 결과 이 집 저 집 떠도는 '전세난민' 생활을 끝내고 '아파트 부자'가 되었다고 한다.

'도대체 어떻게 공부했을까? 특별한 비결이라도 있나?'

'아들을 셋이나 키우면서 책 읽고 공부할 시간이 나나?'

'무슨 책을 읽었지? 그걸 어떻게 투자에 적용한 거야?'

그 책을 읽으며 이런 궁금증을 품은 독자들이 많았다. 어쩌면 눈치채셨겠지만, 내가 바로 그 책의 저자다. 『나는 마트 대신 부동산에 간다』를 출간한 후 많은 분들이 위와 같은 질문을 해오셨다. 특히 나와 비슷한 처지의 엄마들에게서 문의가 빗발쳤다. 아들 셋을 키우면서 누구의 도움도 없이 혼자 경제를 공부하고 재테크를 하는 게 가능한지, 정말 그것만으로 돈을 벌 수 있는 건지 물어오는 분들이 많았다.

이 책은 내가 그간 받은 모든 질문에 대한 대답이다.

⸖ 내가 '마트' 대신 '부동산'에 가기 전 들른 '그곳' ⸖

한참 재테크에 열을 올릴 때 나는 '마트' 대신 '부동산'에 갔다. 장볼 돈을 아껴 종잣돈을 마련했고, 여유롭게 쇼핑할 시간에 아이를 업은 채 발로 뛰며 매물을 보러 다녔다. 물려받은 재산도 없고, 남편 혼자 벌어 세 아이를 키우며 돈을 모으려면 아끼고 또 아껴도 부족했다. 악착같이, 지독하게 절약해 돈을 모았고 그렇게 부동산에 투자했다.

그런데 '마트' 대신 '부동산'에 가기 전 내가 먼저 들른 곳이 있다. 바로 '도서관'이다. 수천수만 권의 공짜 책이 가득한 도서관은 돈 없고 시간 없는 내게 허락된 유일한 배움터였다. 사실 엄마들이 혼자서 공부하기란 결코 쉬운 일이 아니다. 돈도 돈이지만, 시간에 대한 부담 역시 만만치 않다. 밥하고 설거지하고 청소하고 빨래하고, 거기에 더해 잠시 한눈팔면 '어떻게든 반드시' 사고를 치고 마는 아이들 뒤치다꺼리까지 하고 나면 공부는 고사하고 손가락 하나 까딱할 기력이 남지 않는다.

그래서 책일 수밖에 없었다. 언제든 덮었다가 언제든 펼쳐들 수 있는 것, 내가 내 속도대로 내 호흡대로 배워나갈 수 있는 것은 오직 책

뿐이었기 때문이다. 더욱이 내가 잘 몰라도, 알아듣지 못해도 창피하거나 부끄러울 일이 없는 유일한 선생님 역시 책이었다. 누군가에게 일대일 과외를 받거나 강의를 들었다면, 나의 무지에 얼굴이 빨개지는 일이 한두 번이 아니었을 것이다. 하지만 책을 읽을 때는 모르는 내용이 있어도 다른 책을 더 찾아보면 그만이었다.

돈도 없고 시간도 없고 아는 것도 없고 아들만 셋이었던 나는 궁색하게 살기까진 싫어서, 그렇게 도서관에서 책을 빌려 미친듯이 파고들었다. 누가 돈을 버는지, 어떻게 버는지, 왜 버는지를 공부했다.

⇥돈 버는 독서 vs. 돈 되는 독서⇤

내가 도서관에서 읽은 수천 권의 책은 실제로 돈이 되었다. 하지만 단순히 돈만 벌었다면, 이 책을 쓰지 않았을 것이다. 나는 책을 읽으며 '나'를 벌었고, '인생'을 벌었다. 아는 게 없어서 남들 따라 펀드에 투자했다가 피 같은 돈을 잃었다고 자책하던 나, 스스로에 대한 자신감이 없어서 아이들만은 반드시 나와 다르게 키우겠다고 다짐하던 나였다. 하지만 책을 읽으면서 스스로 터득한 지식과 지혜를 투자에 적용할 줄 아는 사람이 되었다. 열심히 공부하고 노력하는 엄마처럼 책을 좋아하고 더 나은 미래를 꿈꾸는 아이들로 키우겠다는 결심을 하게 되었다. 내가 달라지니 자연스레 인생도 달라졌다.

그것이 이 책의 제목이 '돈 버는 독서'가 아닌 '돈 되는 독서'인 이유다. 돈 버는 독서가 책에서 얻은 지식과 정보로 이익을 취하는 것이라면, 돈 되는 독서는 책으로 공부하고 노력하며 스스로에게 가치를 부여하는 것, 즉 '내가 돈이 되는 것'이다. 나는 독서를 통해 부동산에 투자하고 돈만 번 것이 아니다. 내가 책을 통해 얻은 것을 다른 사람들과도 나누고자 방송에 나가고 재테크 강의를 하고 책을 썼다. 의도한 것은 아니었으나 자연스럽게 스스로의 가치를 높여나갈 수 있었다. 이제 내 이름 앞에는 '아들 셋 키우는 전업맘'뿐 아니라 '베스트셀러 저자', '재테크 전문가'라는 수식어가 붙는다. 모두 책이 가져다준 변화다.

나는 독서를 통해 단순히 물질적인 이익뿐 아니라 정서적인 이익까지 누리게 되었다. 그래서 책을 통해 어떻게 돈을 벌 수 있었는지에 관한 정보도 담았지만, 책을 통해 내가 어떻게 달라지고 인생이 바뀌었는지에 대한 구체적인 스토리도 담았다. 그저 돈을 버는 방법으로써의 독서가 아니라 나를 벌고 인생을 버는, 삶을 바꾸는 방법으로써의 독서를 이야기하고 싶었다. 물질적으로 풍족할 뿐 아니라 마음도 넉넉해야, 즉 진정 삶이 여유로워야 '진짜 부자'라고 믿기 때문이다.

⊰직접 확인해보시길, 그리고 부디 시작해보시길⊱

가진 것도 없고 머리도 좋지 않은 사람이 오직 책을 읽어 돈을 벌고 가난에서, 열등감에서, 궁색한 삶에서 벗어났다는 이야기, 그저 꿈같은 이야기로만 들릴 수 있다.

'그래도 나랑은 뭔가 다르겠지⋯⋯.'

'나는 안 될 거야⋯⋯.'

이런 생각을 하시는 분들이 있을 것이다. 나도 그랬다. 책으로 인생을 바꿨다는 사람, 돈 없이도 돈을 벌었다는 사람들의 이야기를 접하며 나는 할 수 없을 거라고 미리 포기하던 시절이 있었다.

그런데 돈도, 시간도, 아는 것도, 심지어 자신감도, 스스로에 대한 믿음도, 열심히 하면 될 거라는 희망도, 그러니까 정말 아무것도 없던 내가 그 꿈같은 이야기의 주인공이 되었다. 내가 엄청 대단한 사람이 되었다는 의미가 결코 아니다. 그저 돈을 벌게 되었고, 스스로를 믿게 되었을 뿐이지만, 그것만으로도 내겐 충분히 기적 같은 변화였기에 하는 이야기다.

'책만 읽어서 돈을 버는 건' 나처럼 아무것도 없는 사람에게 가장 현실적인 방법이었다. 그래서 이 책은 꿈을 현실로 바꾸는 법을 담고 있다고 감히 말씀드리고 싶다. 누구나 책을 읽으면 삶을 바꿀 수 있다는 믿음에 대한 근거는, 공부와 담쌓고 살던 내가 무슨 책을 읽었는지,

아이 셋을 키우며 어떻게 책을 읽었는지, 그렇게 읽은 책을 어떻게 투자에 적용했는지, 책으로 돈을 번 뒤 정확히 무엇이 얼마나 바뀌었는지에 대한 구체적이고 현실적인 스토리가 될 것이다.

이제부터 직접 확인해보시길, 그리고 여러분도 부디 시작해보시길. '내 삶'을 풍요롭게 만들 '돈 되는 독서'를 말이다.

차례

1장

"나는 더이상 가난하게 살지 않겠다"
돈도 시간도 없는 엄마의 독학법, '북테크'의 힘

2장

나는 '마트' 대신 '도서관'에 갔다
북테크 1단계: 책으로 '지식의 종잣돈'을 만드는 방법

3장

아는 것은 '힘'이 아니라 '돈'이다
북테크 2단계: '지식'과 '정보'는 어떻게 '이익'이 되는가

4장

내 인생이 '한 권의 책'이 되는 순간
북테크 3단계: 재테크의 백미는 '나 자신'에 대한 투자

우리는 모두 책과 함께 커간다
북테크 그 이후, 삶에 찾아온 기적들

"나는 더이상 가난하게 살지 않겠다"

돈도 시간도 없는 엄마의 독학법, '북테크'의 힘

안 먹고, 안 입고, 안 쓰고 모은 피 같은 내 돈

↳ 그 돈이 어느 날 반토막 났다

"어제 뉴스 봤어? 그 증권회사 직원이 자살했대⋯⋯. 이게 무슨 일이야⋯⋯."

아이를 데리고 공원에 산책을 나갔다가 우연히 사람들의 대화를 듣게 되었다. 그때가 2008년, 아이를 키우느라 집에 TV를 치웠고 스마트폰도 쓰지 않아 세상의 소식에 어둡기만 하던 때였다. 어렵게 얻은 첫아이를 키우는 재미에 빠져, 또 처음인 만큼 서툴 수밖에 없는 육아에 허덕이며 오직 아이만 생각하고 아이만 위하며 살던 시절이었다. 당시 나의 최대 고민은 '어떻게 하면 아이가 잘 자랄 수 있을까', '어떻게 하면 아이가 조금이라도 더 먹을 수 있을까'뿐이었다. 세상이 어떻게 돌아가는지, 남들이 어떻게 사는지에 대해서는 관심을 기울일 시간도, 여유도 없었다.

그날은 통 잠을 안 자고 보채기만 하는 아이도 달랠 겸, 잠시 바람이라도 쐴 심산으로 공원을 찾은 터였다. 평소라면 아이를 살피느라 주변의 대화에 무심했을 텐데, 웬일인지 그날따라 옆 벤치에 앉은 사람들의 이야기가 귀에 들어왔다. 아마도 '주가가 떨어져……', '코스피 지수가 바닥을 쳐……' 같은 대화 속 문장들이, 잊고 살던 무엇을 떠올리게 했던 모양이다.

⊰금방 부자가 될 것만 같았는데……⊱

임신으로 그만두기 전까지 나는 국민은행 텔러 1기 계약직으로 지점에서 근무했다. 맞벌이를 하던 시절, 우리 부부의 수입은 월 350만원 정도였다. 그중 100만원을 생활비로 쓰고 나머지 250만원은 모두 저축했다. 각자 직장생활을 하느라 바쁘고 피곤해 돈 쓸 틈이 없었다. 사실 주머니 가벼운 대학생 때 만나 연애를 시작해서인지, 우리는 둘을 위해 돈을 쓰는 데 익숙하지 않았다. 연애 때나 결혼해서나 커피숍을 간 것은 1년에 한 번 정도였고, 비싼 외식은 당연히 꿈조차 꾸지 못했다. 극장에서 영화를 함께 본 기억도 거의 없다. 그러니 자연스레 돈이 모일 수밖에 없었다.

매달 250만원씩 1년을 모으면 원금만 3천만원이다. 이렇게 꾸준히 저축하면 금방 부자가 될 것 같았다. 욕심이 났다. 기왕이면 좀더 수익률이 높은 데 투자하고 싶었다. 2006년 11월, 우리가 결혼했을 무렵엔 펀드가 대유행이었다. 가입을 안 한 사람이 없을 정도였다. 은행에 근무하면서 보니 지점장이고 직원이고 고객이고 할 것 없이 모두 펀드 계좌를 최소 한두 개씩은 개설했다. 수익률도 엄청났다. 펀드로 고수익을 올리는 사람들을 바로 눈앞에서 지켜보면서 나라고 펀드를 하지 않을 이유가 없었다. 몇 주, 아니 단 며칠 사이에 몇 프로씩 오르는 걸 내 눈으로 확인했기에, 1년에 몇 프로 이자가 붙는 예금이나 적금에는 흥미가 사라졌다.

'계란을 한 바구니에 담지 말라'는 격언을 새기며 분산투자를 한답시고 중국 펀드, 일본 펀드, 국내 펀드, 호주 리츠 등 골고루 계좌를 개설했다. 특히 중국 펀드에 많은 돈을 투자했다. 중국 펀드의 경우, 자고 일어나면 단 하루 만에 몇 퍼센트씩 올라 있을 정도로 변동성(자신의 가격 또는 가치가 시간이 흐름에 따라 변하는 정도를 나타내는 양)이 컸다. 변동성이 크다는 건 그만큼 위험성도 크다는 거지만, 2008년 베이징 올림픽 때까지는 무난하게 상승세를 이어갈 것이라는 장밋빛 전망을 믿었다. 전문가들이 하는 이야기니 틀릴 리 있겠냐는 막연한 생각에서였다. 그렇게 신혼 때 맞벌이로 모은 돈을 전부 펀드에 올인했다. 직장을 그만두고 나서도 남편의 월급을 아껴 꾸준히 저축했고, 목돈이 만들어지면 중국 펀드에 돈을 더 넣었다. 모두가 중국이 앞으로 무궁무

진하게 성장할 것이라 예상, 아니 확신하던 때였다. '중국'은 곧 '기회'요, '돈'의 다른 이름이었다. 이제 우리도 부자가 될 날이 멀지 않은 것만 같았다.

하지만 나름 열을 올렸던 재테크도, 아이를 낳고 육아에 매진하다 보니 계속 신경쓰기 쉽지 않았다. 아이는 자신 외에 그 무엇에도 관심을 기울일 시간을 허락하지 않았다. 아이가 너무 예뻐 나 스스로도 다른 데 눈을 돌릴 마음이 없었고 말이다. 한동안 중국이니, 펀드니 하는 것들은 아예 잊고 살았다. 가끔 '펀드는 어떻게 되고 있나' 궁금할 때도 있었지만 '알아서 잘 불어나고 있겠지?' 믿으며 넘어가곤 했다. 오히려 가만히 둬도 점점 늘어나고 있을 재산에 든든함마저 느꼈다. 그러다 공원에서 우연히 심상치 않은 소식을 접한 것이다.

'주식이 반토막이 났다고? 그래서 사람이 자살을 했다고? 그것도 증권사 직원이?'

떨리는 마음을 진정시키며 집으로 돌아왔다. 어린아이를 안아 달래며 설마, 설마 하는 마음으로 한동안 열어보지 않았던 펀드 계좌를 확인했다. 그리고…… 정말 까무러칠 뻔했다. 기본적으로 모든 펀드가 반토막이 나 있었다. 국내 펀드보다는 해외 펀드의 실적이 너욱 심각했다. 서둘러 기사들을 찾아보니 미국 달러 환율이 1500원 이상 폭등했고, 2000대를 돌파했던 코스피지수가 1000대까지 떨어져 있었다. 2008년 리먼브라더스 사태였다.

도대체 내가 뭘 그리 잘못한 걸까

이게 무슨 상황인지 도무지 이해가 되지 않았다. 미국이랑 우리나라가 무슨 상관이란 말인가? 미국에 금융위기가 터졌는데, 왜 우리나라 펀드가 박살이 나야 하지? 먹을 것 안 먹고 입을 것 안 입으면서 어렵게 모은 돈이 아닌가? 써보지도 못한 돈이 반이나 날아갔다니, 너무 억울하고 기가 찰 노릇이었다. 떨어질 때는 −50퍼센트가 되면 반토막이지만, 다시 원금까지 오르려면 수익률이 100퍼센트가 되어야 한다. 원금을 회복하기란 거의 불가능에 가깝다는 뜻이다. 결국 남편과 상의 끝에 손절매를 하기로 하고 모든 계좌를 정리했다. 내 살점을 도려내듯 고통스러운 일이었지만, 더 큰 손해를 막기 위해서는 그 수밖에 없다고 생각했다. 이미 수천만원의 손실을 입은 터라 혹시나 더 떨어질까 두려웠다. 그런데 어이없게도 1년 정도 지나자 코스피지수가 다시 2000대를 회복했다. 조금만 기다렸으면 어느 정도의 손실은 보전할 수 있었는데, 어리석게도 바닥에 매도를 하고 만 것이다.

'내가 도대체 무엇을 잘못했나? 뭘 그리 잘못했길래 이런 시련을 겪는 걸까?'

1998년 IMF 때 아버지의 실직으로 힘든 사춘기 시절을 보냈다. 그로부터 딱 10년 후, 성인이 되어 가정을 꾸리고 아이를 낳아 나름 잘 살고 있었다. 이제는 내 인생도 달라질 거라, 고생 끝에 낙이 오리라 기대에 부풀었던 때였다. 무엇보다 내 아이만은 어렵지 않은 환경에서 살 수 있기를 꿈꿨다. 그만큼 열심히 살았다. 스물넷의 나이에 은행을 다니는 1년 동안, 한 달에 교통비와 식대 20~30만원을 제외하고 나머지 돈은 모두 저금했다. 월급 중 80퍼센트 이상을 저축한 셈이다. 신혼임에도 남편과 극장 한 번, 커피숍 한 번 가지 못했다. TV에서 무료로 방영해주는 영화를 보고, 사무실에서 공짜로 주는 믹스커피를 마셨다. 더 행복하고 풍족한 미래를 꿈꾸었기에 약간의 즐거움은 내일의 몫으로 남겨두었던 것이다. 이렇게 아끼고 아껴 모은 돈으로 펀드 투자를 했는데, 반토막이라는 처참한 결과만 맛보다니…….

'차라리 은행을 다니지 말았어야 했어. 아예 펀드를 하지 말았어야 했어. 어차피 이렇게 잃을 거라면 그냥 펑펑 다 써버릴 걸 그랬어.'

온갖 후회가 밀려들었고, 절망감에 휩싸여 아무것도 할 수 없는 나날이 이어졌다.

﹥부동산은 모두 거품이라더니﹤

펀드 투자 실패로 재산의 반을 잃었을 때는, 결혼한 지 2년이 되던 시기였다. 그건 우리가 살던 신혼집 전세가 만료됐다는 의미이기도 했다. 공원에서 우연히 소식을 접하기 전, 그러니까 펀드에서 수천만원의 손해가 났다는 사실을 확인하기 얼마 전, 집주인에게 전화가 걸려왔다.

"2년 만기가 됐으니, 계약을 다시 해야 할 것 같아요. 우리는 부모님 용돈을 드려야 해서 월세로 돌리고 싶은데, 월세 내기 어려우면 나가주시면 좋겠어요."

부푼 꿈을 안고 하나하나 손수 꾸며놓은 신혼집을 집주인에게 빼앗기는 것만 같아, 눈물이 절로 흘렀다. 이제 고작 4개월 된 아이를 데리고 어디를 가야 하나, 태어난 지 얼마 되지 않은 아이에게 벌써 '떠돌이' 삶을 겪게 해야 하는 건가 싶어 미안하고 속상했다. 답답한 마음에 부동산을 찾아가 아파트 매물을 몇 개 보기도 했다. 그냥 집을 사버릴까 하는 생각이 없지 않았다. 2년 만에 전세가와 매매가 모두 몇 천만 원씩 오른 상태였다. 이보다 더 오르기 전에 좀 무리해서라도 집을 사는 게 낫지 않을까 싶었다.

특히 원래 전세로 살던 24평보다 넓은 31평 아파트가 '내 집 마련' 욕구를 자극했다. 이제 곧 아이가 클 텐데 좀더 넓은 집에서 자라게 하고 싶은 욕심이었다. 하지만 당시 내가 살던 대전의 아파트는 31평이 평균 2억 정도였다. 전세 보증금과 그간 모아놓은 돈을 모두 합쳐도 부족해서, 대출을 받아야 하는 상황이었다. 외벌이 월급으로 대출이자를 감당하려니 몹시 부담되었다. 2006년부터 2008년까지 줄곧 제기되어온 '부동산 거품론'도 선택을 주저하게 만들었다. 2년간 계속 오르긴 했지만, 혹시라도 대출까지 받아 집을 샀는데 집값이 하락할까 봐 겁이 났다. 결국 고민 끝에 돈을 좀더 모아서 대출 없이 집을 사기로 결심하고, 전세를 한 번 더 살기로 했다.

그런데 큰 손실을 떠안은 채 펀드를 매도하고 나니, 대전의 아파트는 여전히 쉬지 않고 전세가와 매매가 모두 오르고 있었다. '진작 펀드를 정리하고 대출받아 집을 샀어야 해'라는 후회로 땅을 쳤다. 게다가 나는 이미 회사를 그만두었기 때문에 남편의 월급 외에 수입을 늘릴 수도 없는 상황이었다. 자산이 늘어도 앞으로 희망이 있을까 말까 한데, 그나마 있던 돈마저 줄어들었으니 그야말로 환장할 노릇이었다.

﹩모두 내 잘못이었다﹩

상황이 이리되고 나니 '모든 게 내 잘못'이라는 생각이 들었다. 후회와 좌절로 스스로를 탓하는 게 아니었다. 냉정하고 엄밀한 고민과 판단 끝에 내린 결론이었다.

나는 열심히만 살면, 아끼고 모으면 조금씩 부자가 될 줄 알았다. 그러나 현실은 아이 하나 키우는 데도 양육비에 쩔쩔매고, 2년마다 이사를 다녀야 하는 전세난민의 삶이었다. 남편과 내가 몇 년간 안 쓰고 모은 돈이 미국발 금융위기로 반토막 난 처참한 현실뿐이었다. 몇 년 전부터 이미 꼭대기라던 아파트 값은 왜 내려갈 줄 모르고 하염없이 오르기만 하는지 야속했다. 금융위기 이후 많은 회사가 구조조정을 했고, 유학을 나갔던 학생들은 경제적 어려움 때문에 학업을 마치지 못한 채 귀국하는 등 그야말로 아수라장이 되었다. 이런 와중에도 내가 살던 대전은 전세가와 매매가가 떨어지지 않았다.

'경제위기가 오면 부동산이 하락해야 하는 거 아닌가? 주식이 반토막 났는데, 부동산도 반토막 나야 하는 거 아냐?'

뭔가 이상했다. 나로서는 도무지 이해할 수 없는 현상이었다. 그리고 깨달았다. 이 모든 일이 내가 아무것도 몰라서 벌어진 일이라는 사실을. 은행에 다녔다고 해도 전문적으로 금융을 공부한 것도 아니었고, 펀드나 세계 경제의 동향에 대해 깊이 파고든 적도 없었다. 그냥 주변에서 다들 하니 군중심리에 휩싸여 덩달아 펀드에 투자했던 것이다. 내가 얼마나 순진하고 어리석었는지 그제야 알았다.

2008년 베이징 올림픽까지는 중국 경제가 호황기라 했지만, 그전에 미국발 금융위기가 터지는 바람에 전 세계 경제가 위험에 빠졌다. 부동산도 마찬가지였다. 결혼할 때 시부모님은 지금 집값이 꼭대기고 떨어질 일만 남았으니 집을 사면 안 된다고 했고, 나도 잘 알지 못하니 전세를 선택했다. 당시 매매가 1억 2천만원, 전세는 8500만원이었다. 그런데 집값은 떨어지기는커녕 2년마다 수천만원씩 뛰었다.

결국 펀드도 부동산도 제대로 알지 못하는 상태에서, 언론이나 주변 사람들의 말에 휩쓸려 선택했기에 이런 결과를 맞은 것이었다. 내 생에 겪은 두 번의 금융위기를 복기하지 않으면 10년 후 똑같이 당할 것 같았고, 뭔가 필요하다는 생각이 절실히 들었다. 그때부터 닥치는 대로 경제서를 읽기 시작했다. 경제가 어떻게 돌아가는지, 어떻게 해야 돈을 벌 수 있는지 알려면 공부밖에 없다는 생각이 들었기 때문이다. 하지만 그때까지는 그저 답답한 마음에 각종 경제서부터 투자서, 재테크서를 찾아 읽었던 것뿐, 책을 통해 인생을 바꿔보겠다는 구체적인 목표까지는 세우지 못했다. 책으로 나를, 내 삶을 변화시키겠다고 다짐했던 건 그보다 조금 더 뒤의 일이었다.

아무것도 할 수 없으니,
아무것도 하지 않고 살았다

↳ **무기력의 수렁에서 허우적대던 시간들**

스물넷, 나는 남들보다 조금 일찍 결혼했다. 주변 사람들은 아직 한창인데 왜 벌써 결혼하려 하냐고 의아해 했지만, 나로서는 당연한 일이었다. 어려서부터 상상해온 내 미래에는 항상 결혼이 있었다. 마치 동화 속 공주라도 되는 양 백마 탄 왕자가 나타나는 순간부터 행복이 시작된다고 믿었다. (어려서는 동화, 좀 커서는 드라마와 영화를 너무 많이 봤다.) 그렇다고 환상에 빠져 엄청난 부자에 잘생긴 외모를 바란 건 아니었다. 나의 '백마 탄 왕자'는 안정적인 수입에 평범한 외모, 성실한 성품이면 충분했다. 가족들 돈 걱정 안 시킬 남자면 족했다.

아마도 가정환경 때문이었던 것 같다. 우리 아버지는 IMF 때 다니던 대기업에서 명예퇴직을 하셨다. 이전까진 나름 평온했던 집안 분위기가 한순간에 박살나고 말았다. 회사에 다니지 않고 집에만 있는 아버지는 그 존재 자체의 어색함과 무거움으로 분위기를 한없이 가라앉게 만들었다. 돈을 버느라 더욱 바빠진 엄마는 우리에게 신경써줄 여유가 없었다. 남부럽지 않을 만큼은 아니더라도 큰 어려움 없이 살았는데, 이제는 참고서 하나 살 때도 눈치를 살펴야 했다. 당시 나는 중학교 3학년이었는데, 한창 예민할 시기에 겪은 변화는 집에 마음을 붙이지 못하는 이유가 되고 말았다. 아버지 어머니도 무척 힘드셨을 텐데, 그때는 어려서 부모님을 이해하지 못했다. 그저 집에만 있는 아빠 때문에 친구들을 데리고 올 수 없는 것이 싫었고, 하고 싶은 일에 돈을 쓸 수 없다는 사실이 답답했다. 나와 부모님은 자주 부딪혔고, 이때부터 집에서 살기 싫다는 생각을 했던 것 같다.

하지만 대학도, 직장도 집 근처에 있는 곳으로 들어갔다. 혼자서 독립하기엔 돈도, 용기도 없었던 탓이다. 하루라도 빨리 결혼해서 집에서 탈출할 날만 꿈꿨다. 하루라도 빨리 결혼해서 안정적인 가정을 꾸리고 싶었다. 결혼만이 나의 탈출구요 유일한 해방구라고 생각했다. 지금은 불가능한 '안락한 집', '행복한 가정'을 직접 만들어내고 싶었다. 그때부터 나는 정말 간절히 '현모양처', '전업주부'를 꿈꿨다. 진정한 '내 집', 아니 '우리집'을 꾸리고 가꾸고 싶은 마음이었다.

⇒무겁고 어려운 '어른의 삶'⇐

스물두 살, 교환학생으로 공부하러 갔던 낯선 땅 호주에서 운명처럼 지금의 남편을 만났다. 마른 몸에 하얀 얼굴의 그는 잘 웃고 착했다. 축구, 농구 가리지 않고 운동도 곧잘 하는 모습이 평소 운동과 거리가 멀었던 내게 더욱 매력적으로 다가왔다. 무엇보다 성실하고 근면한 성품이 마음에 들었다. 좋은 남편, 좋은 아빠가 될 자질이 충분해 보였다.

우리는 2년을 연애했고 곧 결혼 이야기가 오갔다. 연애 시절 남편은 나의 조언을 받아들여 전기기사 시험을 준비했고, 책과 담쌓고 살았던 나와 달리 공부하는 데 소질을 보였던 그는 곧 공기업에 취업했다. 그런데 남편이 결혼하는 조건으로 '맞벌이'를 내걸었다. 둘 다 가진 게 없는 만큼 함께 벌어야 한다는 것이었다. 생각해보니 맞는 말이어서, 나도 급한 대로 취업 준비를 시작했다. 전업주부가 꿈이라고 해도 대학을 4년이나 다녔으니, 그간 쏟아부은 등록금이 아까워서라도 돈을 벌긴 벌어야겠다는 생각도 있었다. 학벌도 좋지 않고 스펙도 없는 나의 구직활동이 쉬웠을 리 만무하나, 기적적으로 국민은행 텔러 1기 계약직에 합격하게 되었다. 지금도 어떻게 15 대 1이라는 높은 경쟁률을 뚫을 수 있었던 건지 의아할 따름이다.

2006년 4월부터 2주간 합숙연수를 받고 5월부터 지점에서 일을 시작했다. 평소 덜렁대는 성격의 나는 은행에서도 실수가 잦았다. 약속 어음을 거꾸로 처리해서 취소하고 다시 한 적도 많았고, 시재가 맞지 않아 몇 번이고 다시 계산하느라 제일 꼴찌로 퇴근하는 일도 부지기수였다. 그해 가을 결혼을 앞두고 있었기에 다이어트를 하느라 잘 먹지도 못해서 늘 기운이 없었다. 집에 가면 무조건 잠부터 잤다. 하루 9시간은 자야 회사에서 일할 수 있었다.

그리고 결혼을 했다. 드디어 백마 탄 왕자님을 만나 결혼에 골인한 내 앞에는 그림 같은 행복이 기다리고 있어야 했다. 제2의 IMF가 와도 공기업에 다니는 내 남편은 끄떡없을 것이며, 은행원이 된 나는 제법 재테크를 잘하고 자산을 잘 굴릴 수 있으리라는 기대가 있었다. 게다가 누구보다 순수하고 날 사랑했던 남편은 평생 나와 아이들에게 다정할 것이라고 생각했다. 이제 아이만 태어나면 완벽한 그림이 완성될 것이었다.

하지만 누구나 예상할 수 있듯이, 결혼은 상상과 달랐다. 기쁘고 즐거운 일만 넘쳐날 줄 알았는데 어렵고 힘든 일이 더 많았다. 무엇보다 살림이 버거웠다. 밥도 내가 해야 했고 설거지도 내가 해야 했고 청소도 내가 해야 했다. 결혼 전에는 안 하던 일을 하면서 회사까지 다니려니 죽을 맛이었다. 게다가 은행원이라는 이유로 돈에 대한 모든 관리와 결정을 내가 도맡게 되었다. 온라인 쇼핑으로 물건을 구입하는 일부터 재테크까지 모두 말이다. '아, 이런 게 어른의 삶이구나' 싶었다.

실수하고 잘못한 일을 온전히 스스로 책임져야 한다는 건, 생각보다도 훨씬 무겁고 어려운 일이었다.

맞벌이로 산다는 것

지금도 크게 다르지 않겠지만 내가 직장에 다니던 시절, 윗사람이 퇴근하지 않으면 일이 없어도 눈치보느라 집에 가지 못하는 이상한 문화가 있었다. 열심히 하는 지점처럼 보이기 위해, 직원들이 몇 시까지 근무했는지 전산에 흔적을 남기기 위해 고군분투하는 날들이 안타까웠다. 출산휴가와 육아휴직 제도가 있다고는 하지만 아이를 키우면서 이어갈 직업은 아니라는 생각이 강하게 들었다. 많은 여성들이 아이를 낳고 경력단절을 겪는 이유를 알 것 같았다. 직장생활과 육아를 병행하기에 그때나 지금이나 현실은 너무도 가혹하다.

야근을 하지 않아도 퇴근 후 집에 오면 빨라야 저녁 8시였고, 서둘러 식사를 준비하고 나면 이미 9시였다. 밥을 먹고 설거지를 하면 어느덧 11시가 훌쩍 넘어 있었다. 그대로 침대에 쓰러져 잠들었다가 눈을 뜨면 아침 7시. 다시 바삐 출근해야 할 시간이었다. 체력적으로도 정신적으로도 여유가 없는 힘든 나날이었다. 어떤 날은 알람을 듣지 못하고 늦잠을 자는 바람에 지각해서 혼쭐이 나기도 했고, 고작 30분밖에 안 되는 점심시간에 유니폼을 갈아입는 로커룸에서 쪼그려 잠을 청한 날도 많았다. 은행원은 쉴 새 없이 손님을 응대하느라 화장실도 제때 못 가는 극한직업이다. 바쁠 때는 하루에 100명의 손님을 맞은 적도 있으니, 그야말로 기진맥진해서 집에 돌아가는 날이 이어졌다.

그럼에도 은행에서 일하는 건 나름 보람도 있고 재미도 있었다. 사람들과 돈 이야기를 나누는 게 제법 즐거웠기 때문이다. 무엇보다 일한 만큼 차곡차곡 돈이 쌓이고 있었다. 어른의 삶은 고되고 힘들었지만 그만큼의 보람과 성취감도 느낄 수 있는 세계였다. 주야간 교대근무를 하는 남편과 밤늦게까지 일해야 하는 초보 은행원은 퇴근 후 집에서 만날 확률이 60퍼센트밖에 되지 않았다. 이 안타까운 신혼부부 생활의 유일한 장점이라면, 쓸 시간이 없어 돈을 모을 수 있었던 것이라고 하겠다. 그렇게 신혼의 즐거움을 일부 포기한 대신 돈이 쌓이는 재미로 지냈다.

그런데 그토록 많은 것을 포기한 채 열심히 모았던 그 돈을 펀드 투자 실패로 절반 이상 잃고 말았다. 회사일과 집안일을 병행하는 게 아무리 힘들어도, 상상과는 다른 결혼 이후의 삶에 가끔 맥이 빠져도, 희망을 잃지 않을 수 있었던 건 '지금은 이렇게 힘들어도, 조금만 지나면 돈도 많이 모으고 안락하게 살 수 있을 것'이라는 기대 때문이었다. 그런데 그 기대가 한순간에 산산조각 나고 만 것이다.

가난을 물려주고 싶진 않은데……

내 사정은 아랑곳없이 전세금은 날로 치솟았다. 원래 전세를 살던 곳의 보증금으로 부족해서, 시부모님의 도움을 받아 어렵게 1억 1천만원에 새로 전세를 구했다. 그런데 1년이 지나자 전세가가 1억 8천만원 정도로 올랐다. 고작 1년 사이에 7천만원이 뛴 것이다. 계약기간이 끝나면 무조건 보증금을 올려줘야 했는데, 계속 그 집에서 살려면 남은 1년 안에 7천만원을 마련해야 했다. 절대 불가능한 일이었지만, 일단 어떻게든 아끼며 돈을 모아보기로 했다. 그때부터 허리띠를 바싹 졸라맸다. 하지만 외벌이로 아이를 키우다보니, 남편 월급 250만원 중 120만원을 저축하기도 빠듯했다. 인생의 계획을 세우기엔 저축액이 늘어나는 속도가 너무 더뎠고, 다시 돈을 벌러 나가기엔 아이가 너무 어렸다. 게다가 그때 나는 둘째를 임신 중이었다.

하루가 어떻게 흘러가는지 몰랐던 때였다. 밤중 적게는 3번에서 많게는 10번도 깨서 우는 아이를 달래느라 만성피로에 시달려야 했고, 그러면서도 남편을 위해 삼시 세끼 밥을 차려야 했다. 이유식, 청소, 빨래, 모두 내 몫이었다. 혼자서 모든 걸 감당하기 힘들었지만 남편도 혼자 돈을 버느라 고생하니 불평할 수도 없었다. 체력적으로 한계에 달했지만 아이가 아프지 않고 건강히 자라도록 모든 에너지를 쏟았다. 내 잘못으로 재산을 잃었으니, 그냥 아무것도 하지 말고 살림과 육아만 열심히 해야겠다는 생각을 했다. 아이를 키우는 즐거움과 행복에 취해 힘든 것을 어느 정도 잊을 수 있기도 했다. 돈은 좀 없어도 빚이 있는 것도 아니고, 아이를 잘 키워 오순도순 행복하게 사는 것 역시 내가 바라던 가족의 모습이지 않나 싶었다.

그럼에도 싸이월드를 통해 직장생활을 하는 친구들을 보면 마냥 부러웠다. 좋은 회사에 다니고 맛있는 것을 믹고 휴가 때마다 해외여행을 다니는 모습이 꿈만 같았다. 결혼하는 친구들은 하나같이 부잣집으로 시집을 가는지 샤넬, 루이비통 가방을 받는 게 유행처럼 되어버렸다. 그런 친구들과 비교할수록 내가 보잘것없어 보였고, 마음은 한없이 가라앉기만 했다. 나는 아무것도 아닌 것 같았고, 내가 할 수 있는 일 역시 아무것도 없다는 좌절감이 밀려왔다. 그런데 SNS를 통해 전해진 나의 결혼생활은 제법 그럴듯하고 행복해 보였다고 한다. 특히 남자친구가 없던 친구들은 자기도 어서 결혼하고 싶다며 나를 꽤 부러워했다. 유치하지만 그런 시선이라도 없었으면, 그 시간을 버티기가 더 힘들었을 것 같다. 남자친구가 없더라도 직업을 가지고 자유롭게 여행 다니는 친구들이 훨씬 부러웠다는 사실은 혼자 숨겨두었다. 전업주부가 꿈이었는데, 아이를 키우면서 살림하는 게 회사에서 일하는 것보다 훨씬 더 힘들었다. 직장인은 업무를 마치면 퇴근이라도 해서 쉴 수 있고, 며칠간 일하지 않을 수 있는 휴가도 있다. 하지만 육아는 24시간 365일 퇴근도, 휴가도 없었다.

그리고 얼마 뒤 둘째가 태어났다. 아이를 만나 기쁨은 세상 그 무엇보다 컸지만, 기쁨의 대가인 듯 그만큼 어려움도 커졌다. 둘째가 태어나고부터 더더욱 집에만, 24시간 퇴근 없는 그곳에만 있었다. 아이가 한 명 늘어난 만큼 허리띠를 더욱 졸라매야 했다. 게다가 '미처 날뛰는 전세가'를 감당하지 못하고, 둘째가 아직 배 속에 있을 때 아파트에서 오래된 빌라로 이사한 탓에 아이들에 대한 미안함이 무척 크던 시기였다. 물이 새고 온갖 악취가 진동할 뿐 아니라 각종 벌레가 출몰하는 열악한 환경에서 아이들을 키워야 한다는 것이 속상했고, 아이들에게 너무 미안했다. 내가 부족해 아이에게 가난을 대물림하는 것인가 싶어, 더욱더 이를 악물었다. 어떻게든 절약하고픈 마음에, 미용을 취미로 배운 여동생을 찾아가 머리를 잘라달라고 부탁한 적도 있다. 아무래도 취미 삼아 배운 기술인 터라 막상 다른 사람의 머리를 자르기가 쉽지 않았는지, 몇 시간에 걸쳐 내 머리를 다듬고 난 동생이 한마디를 건넸다.

"언니…… 앞으로 내가 돈 줄 테니 그냥 미용실 가서 잘라라."

이후 다시는 동생에게 부탁하지 못했다. 한번은 파마가 풀린 긴 머리카락을 움켜잡고 내 손으로 싹둑 자른 적도 있었다. 그럭저럭 봐줄 만해서 계속 그렇게 하고 다녔다. 월급 250만원 중 절반가량을 저축하려면 아이들을 위해 쓰기에만도 턱없이 부족했고, 나를 예쁘게 꾸미는 데 쓸 돈은 당연히 없었다. 결혼 전에는 나름 패션에 신경쓰던 나지만 그때는 주로 수유복이나 미혼인 동생이 안 입는 옷을 얻어다 입었다.

가끔 친구들 결혼식이라도 있으면 집밖에 나가 숨통 트이는 기분을 맛볼 수 있었다. 하지만 차려입을 옷이 마땅치 않으니 곤란하긴 매한가지였다. 더구나 어린아이를 데리고 대중교통으로 멀리 이동하기가 어려워 참석하지 못한 적도 많았다. 내 결혼식은 멀리서 기꺼이 와줬는데 나는 멀리 갈 형편이 못 되어서 직접 축하해주지 못한 친구에겐 아직도 미안한 마음이다.

남편은 주말에도 교대로 일해야 하니, 주말에 주로 있는 각종 행사에 불참하기 일쑤였다. 밥하고 아이를 돌보는 일 외에 내 삶이 없는 것처럼 느껴졌다. 아무리 노력해도 불어나지 않는 재산과 끝을 모르고 치솟기만 하는 집값은 나를 더욱 절망에 빠트렸다. 결국 아무리 발버둥쳐봤자 이렇게 살 수밖에 없는 건가 하는 좌절감이 밀려들었다.

⟩ '무기력의 수렁'에 끝없이 빠져들다 ⟨

이때쯤 우울증이 생겼다. 모든 게 내 잘못이라는 자책에 독박육아의 어려움과 달라지지 않는 현실의 무게마저 더해져, 나를 바닥으로 한없이 끌어내렸다. 두 아이를 키우는 건 예상보다 훨씬 어려웠다. 사실 두 아이의 엄마가 되면서 기대했던 바가 있었다. 첫째아이가 순하디 순하니 둘째를 잘 돌봐주지 않을까, 생각했던 것이다. 그러나 동생이 태어나자 천사 같던 첫째가 악마가 되어버렸다. 갓난아기인 둘째의 배를 발로 밟으려 하거나, 밤중수유를 하면 젖을 주지 말라고 엉엉 울기 일쑤였다. 안 그래도 잠도 못 자고 수유하는 게 힘든데 첫째까지 깨서 울어대니 정말 미치기 일보 직전이었다. 첫째의 악행(?)은 여기서 끝이 아니었다. 베란다 나가서 쌀 뿌리기, 아무데나 오줌 싸기 등 미운 짓만 골라 했다. 어르고 달래도 소용없었다. 그러면 그럴수록 첫째는 '엄마는 동생만 예뻐하고, 나만 미워해'라고 생각하며 더욱 삐뚤어졌다.

아이를 하나 키울 때와 둘 키울 때는 천지 차이였다. 무엇보다 첫째의 눈치를 보고 비위를 맞추는 게 힘들었다. 아이를 키우는 게 아니라 상전을 모시는 기분이었다. 남편과의 관계도 순탄하지 않았다. 기본적으로 나는 자고 싶으면 자고, 먹고 싶으면 먹고, 쉬고 싶으면 쉬어야 하는 사람이었는데, 결혼 전에는 자상한 남편이 나를 도와줄 줄 알았다. 하지만 남편은 잔소리만 엄청 많았다. 뭐 하나 부탁하면 핑계를 대기 바빴다. "나 이런 거 한 번도 안 해봤는데? 나 못하는데"라는 말을 달고 살았다. "아니, 나도 한 번도 안 해봤거든? 세상에 해본 일만 하고 사나?" 하는 내 속은 터질 것만 같았다. 뭘 고쳐달라고 해도 묵묵부답, 뭘 버려달라고 해도 요지부동이었다. 결국 기다리다 지친 내가 직접 드릴을 빌려서 고치고, 내 몸보다 큰 짐을 끙끙대며 날라야 했다.

게으른 것으로 치면 남편이 나보다 한 수 위라는 걸 결혼하고서야 알았다. 부부가 둘 다 게으르니, 둘 중 그나마 덜 게으른 사람이 모든 일을 다 해야 했다. 그 외에도 자라온 환경과 사는 방식이 너무 달라서 그걸 이해하고 서로에게 적응하는 데 오랜 시간이 걸렸다. 솔직히 말하면 이해했다기보다 포기하고 산다는 편이 맞겠다. 이해든 포기든 그건 나중의 일이고, 이때는 남편에게도 아이들에게도 나는 늘 하인 같은 존재라는 절망감이 밀려들었다. (너무 당연한 이야기라 사족 같지만 혹시나 오해가 생길까 싶어 밝히자면, 내 아이를 사랑하지 않아서 그런 생각을 한 것이 아니다. 사랑하니까, 그만큼 내게 가장 중요하고 의미 있는 존재인데 서로 교감이 원활히 되지 않으니 더 힘들고 아팠던 것이다.)

밖에 나가 바람이라도 쐬면 기분 전환도 되고 했을 텐데, 돈도 돈이거니와 잠시도 눈을 뗄 수 없는 어린아이가 둘이나 딸려 있으니 외출은 언감생심이었다. 갇힌 공간과 소비의 제약 속에서 내 발길이 닿을 곳은 결국 무기력의 수렁뿐이었다.

펀드로 돈을 잃고 한동안 열을 올렸던 독서에 대한 의지도, 어떻게든 돈을 모아서 내 집을 마련하겠다는 열정도, 아이들만큼은 풍족한 환경에서 자라게 해주고 싶다는 다짐도, 점점 사라지고 있었다. 그땐 정말이지, 아무것도 할 수 없으니 아무것도 하지 않고 살았다. 다행이라는 표현이 맞을지 모르겠지만, 다행히 이때가 잘 기억나지 않는다. 행복하고 즐거운 기억만 남겨두려는 무의식의 노력 덕인 걸까. 종일 멍하니 기계적으로 움직이기만 하던 때라 기억마저 멍한 것일지도 모르겠다.

울면서 책을 읽었다,
그리고 결심했다

↳ **책이라는 '변화의 씨앗'을 만난 순간**

내 인생은 바닥을 향해 가고 있었다. 아니, 이미 바닥이었다. 삶의 희망이라고는 눈곱만큼도 없었다. 온몸에 힘이 하나도 없었다. 너무 힘들었기에 지금 이 시기만 지나면 좋아질 거라는 위로도 소용이 없었다. 심리상담이라도 받아보고 싶었지만, 비용이 많이 들 것 같고 한 두 번으로 될 것 같지도 않아서 꺼려졌다.

헤어나올 수 없는 무기력의 수렁에 빠져 아무것도 못할 때, 아니 안 하고 있을 때 친한 언니에게 연락이 왔다. 요즘의 근황과 기분에 대해 솔직하게 털어놓으니, 언니가 대뜸 책을 추천해줬다. 사실 그 언니는 나보다 심한 우울증으로 고생하다가 꾸준한 책 읽기와 독서모임을 통해 우울증을 딛고 일어선 경험이 있었다.

"책을 읽어봐. 정말 많이 좋아질 거야."

'고작 책으로 뭐가 달라진다고……' 싶은 마음이 없었다면 거짓이 겠지만, 지푸라기라도 잡는 심정으로 책을 읽기 시작했다. 더이상 무 기력하게 지내기엔 아이들에게도 너무 미안했고, 무엇보다 내 자신에 게 너무 미안했다. 지금의 상황에서 벗어날 수 있다면, 뭐라도 하고픈 마음이었다. 그리고 사실 책은 내게 그리 낯설고 어려운 것이 아니었 다. 이미 경제서를 닥치는 대로 읽으며 그나마 어느 정도의 지식과 정 보를 쌓은 경험도 있을뿐더러, 그보다 앞서 각종 육아서와 자녀교육 서 등을 독파했던 적도 있었다.

'나와는 다른 아이로 키우겠다'

20대 중반에는 어려서였는지 기력이 좀 팔팔했다. 특히 자녀교육에 열의가 넘쳤다. 첫아이를 임신했을 때는 책도 많이 읽었다. 미국 아이 들이 본다는 '마더구스'와 '노부영(노래 부르는 영어 동화)'은 아이가 태 어나기도 전에 내가 다 외워버렸다. 아이가 태어난 지 2주째부터 영 어, 한글 동화책을 매일 읽어주었다. 일일 계획표를 짜서 오감 발달놀 이와 클래식 듣기, 영어 동요 듣기를 번갈아 하며 놀아주었다.

첫째아이가 100일이 되었을 때부터는 내가 평생 그토록 사랑했던 TV를 집에서 치웠다. 수능 일주일 전까지 〈가을동화〉를 봤던 내게는 기적 같은 일이었다. 아이가 TV보다는 음악이나 책, 그리고 엄마와 친해지기를 바랐다. 내가 좋아하는 음악 대신 클래식과 동요로 그 자리를 채웠고, 늘 아이에게 동화책을 읽어주고자 노력했다. 고맙게도 내 노력에 아이도 적극적으로 반응해서 돌 즈음에는 제목을 말해주면 영어든 한글이든 상관없이 단번에 책을 찾아왔다. 플래시카드를 빠르게 넘기며 놀아줬더니 인지능력도 또래보다 빨리 발달했고, 30개월쯤엔 한글을 읽었다. 아이를 내가 바라는 대로 잘 키우고 있다는 확신이 들면서 자신감도 생겼다. 그래서 둘째를 가졌을 때는 걱정은커녕 기대만 품었다. 첫아이를 잘 돌본 것처럼 둘째에게도 벅찬 사랑을 쏟으면 바라던 가정을 이룰 수 있다고 믿었다. 형편은 좀 좋지 않아도, 그만큼 아이들에게 돈 이상의 가치를 선사하자고 다짐했다.

나는 아이들과 함께 책상에 둘러앉아 좋아하는 책을 읽거나 그림을 그리는 모습을 꿈꾸었다. 배경으로는 은은한 클래식이 흐르고, 책상 위에 커피나 쿠키 같은 가벼운 간식이 있으면 더욱 좋고. (아무래도 드라마를 너무 많이 봤나보다.) 학구적인 가정을 기대했다. 그래서 커피 마시고 옷 살 돈을 아껴 아이들을 위한 책을 사고, 아이들에게 좋은 먹거리를 샀다. 먹는 것, 자는 것 모두 아이들에게 맞추었다.

솔직히 고백하자면 첫아이를 임신했을 때도 둘째를 가졌을 때도 줄곧 아이가 '영재'가 되기만 바랐다. 사실 나는 머리가 별로 좋지 않았다. 공부에 관심도 없었지만, 기껏 노력해도 머리에 들어오는 것이 많지 않았다. 학창 시절 억지로 봐야 했던 교과서 외에 내 의지로 책을 본 것은 임신과 출산 관련 도서가 처음이었다. 공부도 못했고 좋은 대학에 가지도 못했고, 비정규직일망정 은행에 취업은 했지만 오래 다니지 못했다. 나는 이 모든 것을 내가 '똑똑하지 않아서'라고 여겼다. 다른 사람들을 좇아 투자했던 펀드가 수천만원의 손실을 안기자 역시 내가 바보 같아서 그랬다고 자책했다. 그러니 내 아이는 나처럼 '바보'가 아닌 '영재'로 살게 하겠다고 마음먹었다. 그때 나의 목표는 하나였다. '나와는 다른 아이로 키우겠다.'

아니, '나와 같은 아이로 키우겠다'

그러나 현실은 내가 기대했던 풍경대로 펼쳐지지 않았다. 막상 아이가 둘이 되니 너무 힘들어 두 아이 모두에게 아무것도 제대로 해주지 못했다. 그동안 읽은 육아서며, 첫아이 때 구입한 책, 카드, 교구도 아무 쓸모가 없었다. 첫째는 동생이 태어나자마자 질투하며 퇴행했다. 나는 독차지하던 사랑을 동생과 나누게 된 첫째의 마음을 살펴주지 못했고, 그럴수록 더욱 엇나간 아이는 온갖 사고를 치면서 나를 힘들게 했다. 책 읽는 풍경은 고사하고, 아직 치우지 않은 밥상 위로 축구공이 날아와 그릇을 깨트리는 풍경이 일상인 집이 되고 말았다. 그 무렴 우리집엔 깨지는 게 참 많기도 했다. 그릇이야 부지기수로 깨졌고, 높은 곳에 달려 있는 전등도 여러 번 깨졌다. 한번은 아이가 테니스공을 던져서 새시의 유리가 깨지기도 했다. 책 읽기 좋아하는 차분한 아이로 자랐으면 하는 바람과는 반대로, 우리 아이들은 역동적이고 에너지 넘치는 사내아이들로 자라고 있었다.

사실 우리 아이들은 그냥 건강한 아이들이었다. 운동 좋아하고 밥 먹기 싫어하고 가만히 앉아 있지 못하는, 그 나이 또래의 아이들 말이다. 내가 아이들에게 바라는 특정한 모습이 있었기에 뜻대로 되지 않는 아이들에게 실망하고 상처받았던 것뿐이었다. 나를 힘들게 한 사람은 아이들이 아니라 바로 나였다. 언니의 권유로 한동안 치워두었던 책을 다시 펼치면서 그걸 깨달았다.

처음에는 아이들을 재운 밤중에 울면서 책을 읽었다. 아니, 정확히 표현하면 나를 울게 하는 책을 찾아 읽었다. 충분히 울지 못하면 늘 머리가 아팠고, 많은 눈물을 쏟고 나야 그나마 속이 좀 후련해졌다. 책을 읽는 이유가 정보나 깨달음을 얻기 위해서가 아니라 '울기 위해서'일 정도였다. 하지만 눈물에도 '총량'이 있는 것인지, 한동안 울기만 했더니 더이상 눈물이 나지 않았다. 점점 울음이 잦아들고, 자연스레 책 속 내용에 집중하기 시작했다. '울리는' 책이 아니라 다른 책에도 눈을 돌리게 된 것은 그 무렵이다. 아이러니하게도 그러면서 내가 왜 이리 울고 싶은 건지, 지금 나를 울게 하는 것이 정확히 무엇인지 알게 되었다. 웨인 다이어의 『모든 아이는 무한계 인간이다』라는 책에서 이런 구절을 만났을 때였다.

"아이는 현재로도 완벽하므로 아이를 있는 그대로 받아들여라. 가끔 부모가 이 사실을 잊기 때문에 아이를 다그치고 부모가 원하는 틀 속에 아이를 맞추는 잘못을 범한다. 부모는 아이를 완전한 존재로 인정하고, 너는 이미 훌륭하게 세상을 살아가고 있다는 메시지를 보내주어야 한다. 아이의 태도가 마음에 들지 않는다고 해서 아이를 비난하거나 부정해서는 안 된다. 부모의 인정으로 인해 아이는 자신의 생활을 관리하고 언제든 자신을 긍정적으로 생각하게될 것이다."

'아, 내가 아이에게 바랐던 영재는 사실 내가 되고 싶었던 거였구나. 내가 유능하게 살고 싶었는데 그걸 아이한테 대신 해달라고 한 거구나.' 눈물이 핑 돌았다. 그리고 깨달았다. 나는 그저 나 자신을 너무 싫어하고 있었던 거였다. 나를 부정하는 과정에서 내 아이들은 나와 달랐으면 하는 소망을 품었던 거였다. 그런데 이 소망은 애초부터 말이 안 되는 것이었다. 내가 낳아 나를 보고 자라는 아이들이 어떻게 나와 다르게 클 수 있겠는가. 목표 자체가 잘못 설정되었다는 사실을 알고, 목표를 수정했다.

'나와 같은 아이로 키우겠다.'

나와 같은 아이로 키우겠다는 건 어떤 의미일까? 내가 달라지겠다는 뜻이다. 공부도 못하고 할 줄 아는 것도 없고 돈도 벌 줄 모르는 무능한 엄마에서, 지혜롭고 할 줄 아는 것도 많고 돈도 잘 버는 유능한 엄마로 거듭나겠다는 다짐이었다. 나는 못났으니 내 자식만큼은 잘 키워보겠다는 마음을 버리고, 내 아이들이 나를 보고 훌륭하게 자랄 수 있도록 잘난 내가 되겠다는 선언이었다. 나는 달라져야 했다. 그래서 달라진 나와 같은 아이들을 키우고 싶었다.

『화성에서 온 남자 금성에서 온 여자』, 『왜 나는 너를 사랑하는가』 같은 관계와 사랑에 대한 책들을 읽으며, 남편과의 관계에 있어서도 모든 일이 나의 욕심에서 비롯됐다는 사실을 깨달았다. 남편 덕을 보고자 하는 마음이 컸던 것이다. 경제적으로나 가정적으로 남편이 많은 것을 해주길 원했고 그럴 수 있는 사람이라 기대했다. 내가 원하는 틀에 남편을 가둬놓고 있었던 것이다. 내가 원하는 대로 해주는 것만이 나를 사랑하는 것이라 생각했고, 그렇지 않으면 사랑하지 않는 것이라 여겼다. 그렇게 나는 드라마에 나오는 여자처럼 살지 못하는 신혼생활에 실망했다. 하지만 내가 달라진다면, 더이상 남편에게 기댈 일도 실망할 일도 없을 터였다. 모든 것이 내게 달려 있었다.

다시 한 번, '나와 같은 아이로 키우겠다'

그 무렵 스캇 펙의 『아직도 가야 할 길』을 읽으며 나에게 자기애가 부족하다는 것을 다시금 깨달았다. 그는 사랑을 이렇게 정의했다. '자기 자신 또는 타인의 정신적 성장을 도와줄 목적으로 자기 자신을 확대시켜나가려는 의지.' 나는 어떤 사랑을 했나 되돌아보게 되었다. 그리고 사랑을 재정립하기 시작했다. 사랑은 단순히 거저 주는 것이 아니었다. 사랑은 지각 있게 주는 것이고, 마찬가지로 지각 있게 주지 않는 것이었다.

책을 읽으며 되짚어보니 아이들을 키우며 내가 느낀 무기력은, 존재 자체로 사랑받지 못했던 내 내면아이의 슬픔에서 비롯된 것 같았다. 나는 부모로부터 사랑받고 있다고 느낀 적이 거의 없었다. 그래서인지 나도 모르게 아이가 받고 있는 사랑을 질투하고 부러워했던 모양이다. 내가 받지 못한 만큼 커다란 사랑을 주고 있는데 그 마음을 몰라주는 아이들이 야속했다. 잘해주고 기대하고 실망하는 일이 뫼비우스의 띠처럼 반복되었다. 나는 어려서 밥 먹기 싫어할 때마다 야단을 맞았다. 김치와 김뿐인 식탁에서도 반찬 투정이라고는 해본 일이 없다. 그런데 우리 아이들은 "먹기 싫어", "이 반찬 맛없어"라는 말을 서슴없이, 심지어 거의 매일같이 반복했다. 그런 아이들을 볼 때마다 화가 나기보다 몹시 부러웠다. 싫다고 말해도 혼나지 않고 안 먹겠다고 떼써도 사랑받고 있기 때문이었다.

내가 일정표까지 짜가며 책을 읽어주고 놀아줄 때 힘들었던 이유는, 그런 관심을 받아본 적이 많지 않기 때문이었다. 배운 적 없는 것을 가르치고, 받아보지 못한 걸 주자니 고통스러웠던 것이다. 어디까지가 자식을 사랑하는 부모로서 응당 해줄 일이고, 어디부터 아이에게 절제를 가르쳐줄 일인지 알시 못했다. 아이가 밤에 자지 않고 놀아달라고 생떼를 부릴 때 졸린 눈을 비벼가며 응해준 적도 많았다. 그야말로 아이를 잘 키우겠다는 일념으로 억지 노력을 한 셈이었다. 그리고 내가 이렇게 무리해가며 사랑을 주었으니, 당연히 내가 원하는 아이로 자라야 한다고 생각했던 것이다.

하지만 이제 알게 되었다. 아이를 사랑하기 전에, 나부터 사랑해야 한다는 것을. 나를 사랑할 줄 모르면 진정으로 행복할 수 없다는 것을. 그래서 선언했다. 잘난 아들을 키우는 못난 엄마로 사는 것이 아니라, 멋진 엄마 멋진 아들로 함께 성장하겠다고. 내가 받지 못한 것을 주면서, 내가 하지 못한 것을 아이에게 요구하지 않기로 했다. 사랑받지 못했던 과거는 내가 나를 사랑하는 일로 채우고, 바라는 사람은 직접 되어 보이겠다고 다짐했다. 내가 성장하고 발전하면 아이들은 저절로 따라올 것이라고 생각했다. 나는 다시 한 번 굳게 다짐했다.

'나와 같은 아이로 키우겠다.'

몸도 마음도 부자로 사는 길, '부자엄마' 선언

↳ **삶을 바꾸는 독서, '북테크'의 시작**

내 아이를 나와 같은 아이로 키우겠다고, 나부터 달라지겠다고 결심한 이후 나는 스스로에게 한 가지를 더 선언했다.

'나는 더이상 가난하게 살지 않겠다.'

단순히 돈을 많이 벌어 물질적으로 부자가 되겠다는 의미만은 아니었다. 물론 경제적으로 자립해 당당하게 생활하고픈 의지의 표명이기도 했다. 하지만 그에 더해 정신적으로도 풍족하게, 심적으로도 넉넉하게 살겠다는 다짐이었다. 돈이 없는데 마음이 너그럽기 쉽지 않고, 마음이 궁핍한데 돈이 있다고 행복할 리 없었다. 나는 몸도 마음도 부자로 살고 싶었다. 정신의 빈곤을 채우고 물질의 가난을 극복하고 싶었다.

⪥ 왜 책이었냐 하면 ⪤

그때부터 본격적으로 책을 파고들기 시작했다. 책을 통해 물질적으로나 정서적으로나 여유로운 사람, 부자가 되기로 했다. 그냥 부자가 아니라 '부자엄마'가 되기로 했다. 왜 책이었냐 하면, 책밖에 없었기 때문이다.

생각해보니 살면서 중요한 순간마다 나도 모르게 늘 책을 펼쳤다. 아이를 임신했을 때, 재테크에 실패했을 때, 무기력의 수렁에 빠졌을 때, 자의든 타의든 책을 읽었다. 기대고 의지할 것이 오직 책뿐이었기 때문이다. 스물넷의 나이에 일찍 결혼한 탓에 대부분 미혼이었던 친구들은 독박육아의 어려움에 대해 전혀 공감하지 못했다. 주변 어른들은 "다 그렇게 사는 거야. 너만 힘든 거 아니야"라며 오히려 나를 다그치기 일쑤였다.

한번은 이런 일도 있었다. 첫아이를 임신하고 입덧이 심해 친정에서 지내던 어느 날, 남편이 좀처럼 연락이 되지 않았다. 광주 상갓집에서 밤을 새운다고 했고, 평소에도 술을 마시면 전화를 안 받는 일이 잦았다. 하지만 새벽까지 연락이 닿지 않으니 슬슬 걱정이 들기 시작했다. 아이를 임신하고 한창 예민하던 시기라 더 그랬던 것 같다. 당시 통신사가 제공하던 '친구 찾기' 서비스로 남편의 위치를 보았는데, 광주가 아니라 대전 근교에 있는 것이 아닌가. 상갓집에 간다는 거짓말을 하고 친구들과 술을 마시고 있었던 것이다. 너무 화가 나서 씩씩대는데, 우리 부모님은 혀를 끌끌 차며 "한 서방이 어린 나이에 장가 와서 얼마나 놀고 싶으면 거짓말까지 했겠냐"고 사위 편을 들어주었다. 부모님 입장에서는 임산부가 화를 내면 아이에게 좋지 않으니 어떻게든 다독이려는 생각이셨겠지만, 나로서는 친정 부모님마저 내 마음을 몰라주는 상황이 야속하고 서러웠다.

하지만 책은 달랐다. 책은 내 울음을 묵묵히 들어줬고, 내 분노와 짜증에도 화내지 않았으며, 한결같이 내게 필요한 위로와 조언을 들려주었다. 그러니 책일 수밖에 없었다. 무엇보다 책은 '나'를 생각할 시간, 나를 돌아볼 계기를 마련해주는 수단이었다. 책을 읽을수록 내가 어떤 사람인지 고민하게 되었다. 또 다른 사람과 대화를 나누면 그의 사정을 헤아리고, 그의 이야기에 피드백을 줘야 했지만, 책과 나누는 대화는 철저히 '이기적'일 수 있었다. 내 입장만 생각하고 내 상황만 고려하면서, 책이 들려주는 이야기들을 나에게 대입해 이해하고 받아들이면 되는 것이었다. 정서적으로 풍족해지기 위한 수단으로 책처럼 좋은 것이 없다는 생각이 들었다.

돈을 벌기 위한 공부를 하는 데 있어서도 역시 책만 한 것이 없었다. 물론 알짜 정보만 쏙쏙 뽑아놓은 강의를 듣거나 재테크로 성공한 사람을 만나 직접 배우는 것이 훨씬 빠른 길이었을지 모른다. 하지만 돈도 시간도 없는 전업맘에게는 불가능한 일이었다. 오프라인 강의는 정해진 시간에 맞춰 참석하기가 어려웠고, 온라인 강의는 마음먹고 컴퓨터를 켰다가도 갑자기 들려오는 '쨍그랑' 소리나 아이의 울음소리에 후다닥 달려가야 하는 일이 빈번했다. 책은 시간이 나면 '컴퓨터 부팅' 같은 준비시간 없이도 바로 펼쳐들어 읽을 수 있었고, 또 일이 생기면 그대로 덮었다가 다시 펼치면 그만이었다.

무엇보다 책은 내가 원하는 정보를, 내가 원하는 대로 찾아 읽을 수 있었다. 강의자가 전달하는 내용을 수동적으로 취해야 하는 강의와 달리, 필요한 정보를 적극적으로 찾아 접할 수 있다는 점에서 매력적이었다. 또 책은 공짜였다. 도서관에는 수천수만 권의 '공짜' 책들이 갖춰져 있었고, 나는 관심이 끌리는 대로 구미가 당기는 대로 빌려서 읽고 반납하면 되었다. 그야말로 책은 돈도 시간도 없는 엄마들에게 최고의 독학 수단이었던 것이다.

돈 되는 독서, 인생을 바꾸는 독서, '북테크'는 그렇게 시작되었다. 나는 책으로 내 삶을 바꿔보기로 했다. 지금까지는 순간순간 필요에 따라 책을 집어들었다면, 이제는 인생의 큰 그림을 그리고 이를 이루기 위한 뚜렷한 목표를 세운 후 그 방법으로 독서를 택한 것이다.

답은 역시 '책'이었다

사실 북테크를 본격적으로 시작하기 전, 이미 책을 통해 실질적인 도움을 받은 적이 있었다. 내가 아직 맞벌이를 하며 은행에 다니던 결혼 초창기의 일이다. 벚꽃이 날리던 어느 날, 기다리고 기다리던 임신이 됐다는 사실을 알았다. 그러나 기쁨도 잠시, 심한 유산기 때문에 수시로 병원을 들락거리며 유산 방지 주사를 맞고 약을 먹어야 했다. 회사생활보다는 아이를 지켜야겠다는 생각에 과감하게 퇴사를 결정했다. 맞벌이에서 외벌이로 바뀌면 그만큼 재테크에 차질을 빚게 될 것을 알았지만, 가장 중요한 것은 아이였다. 회사에서는 조금만 기다리면 출산휴가와 육아휴직을 받을 수 있는데 왜 아깝게 지금 그만두느냐며 말렸지만, 그때는 오직 배 속의 아이 생각뿐이었다. 주변의 만류를 뿌리치고 퇴사를 감행했다.

회사를 그만둔 후에는 하루종일 집에 누워 있었다. 어떤 상황에서도 아이의 건강을 최우선으로 생각했다. 조심, 또 조심했다. 하지만, 정기검진일이 되어 찾은 병원에서 충격적인 소식을 듣고 말았다. 의사는 배 속에 아기집이 있지만 자라지 않았고, 아이의 심장이 뛰지 않는다고 말했다. 계류유산이라고 했다. 무슨 말인지 이해가 가지 않았다. 아니, 이해하고 싶지 않았다. 내 배 속에 있는 아이가, 내 아이가 죽었다니······.

더 큰 문제는 유산이 처음이 아니라는 데 있었다. 나는 이전에 이미 한 차례 자연유산을 한 적이 있었다. 그때에 이어 계류유산까지, 두 번이나 이런 일이 생기자 습관성 유산은 아닌지 덜컥 걱정이 되었다. 의사는 유전자에 문제가 있는 경우 지속적으로 유산이 일어날 수 있다고 했다. 두려움에 온몸이 떨려왔다. 직장도 그만둔 상황에서 아이마저 잃었다. 나는 돈도 못 벌고 임신도 못하는 존재가 아닌가 싶어, 가만히 있어도 하염없이 눈물이 흘렀다. 이러다 영영 아이를 가질 수 없는 것이 아닐까 하는 불안감이 밀려왔다. 워낙 난임, 불임이 많은 세상이라 더 그랬던 것 같다.

어려서부터 내가 그리던 행복에는 결혼과 아이가 있었다. 결혼하면 당연히 아이를 낳을 거라고 의심 없이 믿었기에, 아이를 잃은 현실, 아이를 가질 수 없을지도 모르는 상황이 두렵고 무섭기만 했다. 그렇다고 가만히 넋놓고 있을 수만은 없었다. 의사의 조언을 듣긴 했지만, 정확히 뭐가 문제인지 어떻게 임신을 준비해야 하는지, 모든 의문과 걱정이 해소된 건 아니었다. 건강한 몸을 만들기 위해, 그래서 소중한 아이를 만나기 위해 무엇을 해야 할까 고민하다가 도서관을 찾았다.

우선 계류유산이 되는 원인을 정확히 파악하고 싶었다. 내게 일어난 일이 유전자 때문이 아니라는, 노력하면 다시 아이를 가질 수 있을 거라는 믿음이 필요했다. 어떤 먹거리가 좋고 어떤 운동이 효과적인지도 알아내야 했다. 임신의 원리도 알고 싶었다. 그날부터 매일 도서관으로 출퇴근하며, 수많은 책을 읽었다. 임신과 출산방법보다는 불임, 난임, 유산과 관련된 책을 집중해서 보았다. 그러다 자연스레 건강, 환경도서로 옮겨갔고, 우리가 쓰는 플라스틱에서 환경호르몬이 많이 나와 여성호르몬, 남성호르몬이 교란되면서 불임이 늘어나고 있다는 정보를 접했다. 신혼 때 엄마가 사준 알루미늄 냄비도 열 때문에 중금속이 녹아나와서 건강에 해롭다는 것을 알게 되었다. 그날 바로 플라스틱 반찬통을 내다버렸다. 냄비는 친정어머니가 아깝다며 가져가셨다. 평생 플라스틱 반찬통을 썼고, 스티로폼 용기의 컵라면에 뜨거운 물을 부어 먹었다. 알루미늄 캔에 든 콜라를 즐겨 마셨고, 역시 알루미늄 캔에 든 참치도 즐겨 먹었다. 건강과 상관없는, 아니 건강을 해치는 식습관으로 지금껏 살아온 것이다.

더 충격적이었던 것은 앞으로 태어날 아이가 접할 환경이었다. 아이가 먹을 우유나 분유를 믿고 안심할 수 없었다. 각종 농약이 뿌려진 풀, 곡물, GMO 사료를 먹고 자란 소의 젖을 먹게 되면, 아이의 건강에 치명적인 영향을 끼칠 수도 있다는 정보는 그야말로 충격적이었다. 심각하게 오염된 환경으로 인해, 우리 아이들이 태어나자마자 안 좋은 것들과 마주하게 된다니 처참한 현실이었다. 그때 처음으로 건강과 환경에 관심을 가지게 되었다. 자연을 사랑하는 것이 곧 나를, 그리고 내 아이를 사랑하는 길임을 깨달았다. 그렇게 아프지 않았으면 몰랐을 진실을 알게 되었고, 이후 내 몸을 더욱 건강하게 만드는 데 힘을 쏟았다. 그 덕분인지, 얼마 지나지 않아 다시 임신이 되었고 마침내 꿈에도 그리던 첫아이를 만날 수 있었다.

오직 책을 읽은 덕분이라고 할 수는 없겠지만, 책을 통해 보다 제대로 꼼꼼하게 임신 준비를 할 수 있었던 것은 분명하다. 이후 아이를 낳고 육아에 전념하면서 잊고 있었던 기억인데, 북테크를 하기로 결심하면서 다시금 이때가 생각났다. 그랬다, 답은 역시 책이었다.

그 모든 순간, 책이 있었다

북테크를 하겠다고 결심한 뒤 곰곰이 생각해보니, 내게 책은 단순히 교양을 쌓거나 정보를 얻기 위한 수단을 넘어 인생의 매뉴얼이었다. 다시 임신을 하고 출산을 하기 위한 매뉴얼, 사랑하는 아이를 건강하게 잘 기르기 위한 매뉴얼, 아이가 맛있게 잘 먹을 이유식을 만들기 위한 매뉴얼, 그리고 나를 사랑하는 방법을 찾기 위한 매뉴얼. 전자기기를 구입하면 고장 없이 잘 사용하기 위해 매뉴얼을 숙지하는 것처럼, 나는 내 인생을 오류 없이 잘 살아가기 위해 책을 읽었다.

그렇게 북테크를 시작한 이후, 지금까지 나는 인생에 위기가 올 때마다 책을 통해 지혜를 구했다. 강산도 변한다는 10년가량 책을 손에서 놓지 않았다. 북테크를 하는 동안 셋째도 태어나 에너지 넘치고 천

방지축인 아들이 셋이나 됐지만, 아이들 쫓아다니며 수발을 드는 가운데도 늘 틈나는 대로 책을 읽었다. 그리고 그때마다 단 한 번의 어김도 없이 큰 깨달음을 얻었다. 책을 붙들고 간절히 구할 때마다 빠짐없이 답을 얻었다. 한없는 우울에 시달릴 때 책을 통해 나를 수렁에서 건져낼 수 있었다. 경제적 어려움에 허덕일 때 책으로 공부해서 재테크에 성공할 수 있었다. 이것이 내가 책을 믿고, 기대고, 사랑하며 살게된 이유다.

이 책을 통해 그 모든 과정과 방법을 함께 나누고 싶다. 무척이나 힘든 순간들의 연속이었지만, 드라마틱한 결과의 연속이기도 했다. 이 모든 일이 정말 내가 한 일인지 스스로도 믿기지 않을 정도다. 책을 읽으면 많은 것이 좋아질 거라고 믿었지만, 이 정도일 거라고는 상상하지 못했다. 평범한 전업맘이었던 내가 소위 '아파트 부자', '부자엄마'가 되었다. 펀드로 수천만원의 손실을 보던 내가 아파트 15채를 소유하게 되었다. 이제는 책도 쓰고, 방송도 나가고, 강의도 하는 재테크 전문가로 활동하고 있다. 뜻대로 되지 않는 아이들 때문에 아파하던 내가 이제는 아이들과 함께 책을 읽으며, 더 나은 내일을 같이 그려가는 나날을 보내게 되었다. 이 모든 것이 오직 '책'을 통해 일어난 변화였다.

⸕독서 총량의 법칙⸖

'또라이 총량의 법칙', '지랄 총량의 법칙'이란 말이 있듯 나는 '독서 총량의 법칙'이 있다고 믿는다.

- **또라이 총량의 법칙**: 또라이가 있어서 회사를 옮겼더니 거기에도 다른 또라이가 있다.
- **지랄 총량의 법칙**: 어릴 때 지랄하지 않으면 커서 지랄한다.
- **독서 총량의 법칙**: 책을 읽지 않고 살아도 언젠가는 결국 읽게 된다.

책과 친하지 않아도 괜찮다. 책의 'ㅊ'만 들어도 졸음부터 쏟아진다 해도 상관없다. 독서 총량의 법칙에 따르면, 언젠가는 반드시 책을 읽어야 할, 책을 읽을 수밖에 없는 시기가 오기 때문이다. 그때가 되면 그 절실함과 필요성으로 인해 어떻게든 기필코 책을 읽게 된다.

자, 이제 본격적으로 북테크의 세계를 만나보자. 물질적으로나 정신적으로나 나를 풍요롭게 만들어주는 독서, 내 삶을 바꿔줄 독서의 세계로 떠날 시간이다.

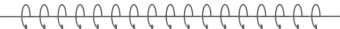

부자엄마 선언서 #1: 위기 인식

"나는 더이상 가난하게 살지 않겠다"

● 지금 나에게 가장 큰 위기는 무엇인가?
  물질적으로, 또 정신적으로 나를 가난하게 만드는 것이 무엇인지 적어보자.

● 이 문제들을 극복했을 때의 나는 어떤 모습일까?
  북테크로 삶을 바꾼 후의 자신을 구체적으로 그려보자.

2장

나는 '마트' 대신 '도서관'에 갔다

북테크 1단계: 책으로 '지식의 종잣돈'을 만드는 방법

살림하랴, 아이 보랴, 책 읽을 시간이 어디 있냐고?

↳ '미라클 미드나잇'을 누려라

"책은 대체 언제 읽으셨어요?"

"아들 셋 키우랴, 살림하랴, 책 읽을 짬이 진짜 나나요?"

많은 분들이 늘 묻는 질문이다. 당연하다. 설거지며 빨래며 청소며 요리며 집안일만 하기에도 하루 24시간이 부족한 판에, 잠깐 한눈팔기 무섭게 사고치는 장난꾸러기 아들이 하나도, 둘도 아니고, 무려 셋이다. 책 읽을 시간은 고사하고 마음 편히 화장실 갈 여유라도 생기면 '성은이 망극한' 상황이랄까. 설사 여유시간이 생기더라도 이미 방전된 체력으로는 누워서 쉬는 일 외에는 아무것도 할 수가 없다. 아마 대부분의 엄마들이 비슷한 상황일 것이다. 그래서 독서를 하기로 마음먹었다면 최소한 다음의 두 가지는 확보해야 한다.

1. 시간

2. 체력

그런데 사실 이 두 가지는 아이를 키우는 엄마가 가장 가지기 힘든 것들이기도 하다. 그럼 어떻게 해야 할까?

⤜ 엄마의 시간은 엄마 혼자만의 것이 아니기에 ⤛

우선 '시간'에 대한 이야기부터 해보자. 사실 집에서 살림하며 아이 키우는 엄마라면, 대부분 공감하지 않을까 싶다. '시간은 누구에게나 공평하다', '그 시간을 어떻게 쓰느냐가 인생을 좌우한다' 같은 말들이 우리에겐 해당사항이 없다는 것을. 엄마의 시간은 엄마 혼자만의 것이 아니다. 남편과 아이, 가족에게 나누어주고 나면 오직 나만을 위한, 내가 통제하고 활용할 수 있는 시간이란 거의 남지 않는다.

그런데 북테크를 시작하고 몇 년간, 나는 아이들을 키우며 1년에 최소 100권 이상의 책을 읽었다. 12개월로 나누면 한 달에 8권 정도, 일주일에 2권꼴이다. 이게 어떻게 가능했을까? 아이들이 어린이집을 다니기 전까지는 24시간 퇴근 없는 육아를 해야 했는데 말이다. '시간이 날 때 책 좀 읽어야지'라고 생각했다면 평생 한 권도 못 읽었을지 모른다. 아이 셋을 키우며 그런 여유는 절대 생기지 않는다. 방법은 하나뿐. 여유시간이 생기기를 기다리는 대신, 그냥 '틈틈이', '무조건' 책을 읽는 것이었다. 나는 아이가 나를 찾지 않는 순간이 잠시라도 나면, '이때다' 싶어 바로 책을 펼쳐들었다.

- 아이가 혼자 논다 → (야호! 나를 찾기 전에 서둘러) 책을 읽는다.
- 아이가 낮잠을 잔다 → (좀 쉬고 싶긴 하지만…… 그래도) 책을 읽는다.
- 아이가 밤잠을 잔다 → (나도 졸립긴 한데…… 그래도) 책을 읽는다.

아이가 낮잠을 잘 때는 엄마가 졸음 좀 참고 책을 읽으면 되는 문제지만, 아이가 혼자 놀 때에 대해서는 우려가 있을 수 있다. 자동차 놀이, 그림책 보기, 블록 쌓기, 물장난 등등 아이들이 엄마 없이도 혼자 잘 노는 시간이 있다. 이때 아이 옆에서 같이 놀아주며 정서나 지능을 개발시키는 데 힘쓰는 엄마들이 많은데, 아이가 스스로 혼자 놀 때 엄마가 다가가서 말을 걸어주고 함께해주는 것이 늘 좋은 것만은 아니다. 물론 나 역시 아이를 처음 키울 때는 일정표까지 짜가며 아이 옆에 하루 24시간 붙어 있었다. 하지만 아이 셋을 키우다보니 오히려 아이에게 혼자만의 시간을 허락할 때, 아이의 집중력이 더욱 올라가고 더욱 창의적으로 사고할 수 있다는 사실을 알게 되었다.

우리도 혼자만의 시간을 가질 때, 고민하던 문제에 몰두할 수 있고 그래서 더 좋은 아이디어나 해결책이 떠오르듯, 아이도 마찬가지다. 아이가 자기만의 방식으로 놀이에 몰입해 있는데 옆에서 자꾸 말을 걸거나 이렇게 해보자고 하면, 정신이 산만해지기 쉽다. 오히려 집중력만 흐트러뜨리는 셈이다. 그래서 아이가 굳이 원하지 않으면 엄마가 쫓아다니며 놀아줄 필요는 없다. 아이를 방치하라는 이야기가 아니라, 혼자 집중해서 놀고 있을 때는 그 시간을 존중해주라는 말이다. 때로 아이는 혼자만의 세계에 빠져 멍을 때리기도 하는데, 그냥 내버려둬도 괜찮다. 지금 아이는 자기만의 세상을 경험하며 삶의 크기를 키워가는 중이니까.

그리고 그때, 엄마는 잽싸게 책을 펼쳐놓고 옆에서 읽으면 된다. 그 시간이 10분이든 30분이든 말이다. 가뭄에 콩 나듯 드물고 짧은 순간이지만, 이 10분, 10분이 모여 1시간이 되고, 2시간이 되고, 그렇게 책 한 권이 된다. 책 한 권에 300페이지라고 생각했을 때, 주 6일을 읽는다면 하루에 50페이지만 읽으면 된다. 하루 1~2시간이면 충분한 것이다. 처음에는 워낙 짧은 시간이라 책에 집중도 하기 전에 지나가버리겠지만, 계속 반복하다보면 어느 순간 책을 펼치자마자 몰입하는 자신을 발견할 수 있을 것이다.

12시를 두 번 사는 엄마는 성공한다

나는 12시를 두 번 사는 엄마는 성공한다고 생각한다. 낮 12시엔 대부분 깨어서 활동하지만 밤 12시는 사람마다 다르다. 누군가는 곤히 잠들었을 이 시간을 치열하게 보내면 성공할 수 있다고 믿는 것이다. 그런데 왜 12시일까?

전기가 없던 시절엔 밤 12시에 깨어 있는 것은 거의 불가능에 가까웠다. 아니, 정확히 표현하자면 깨어 있을 수는 있어도, 깨어 있어봤자 할 수 있는 일이 없었다. 바로 눈앞의 사물도 보이지 않는 칠흑 같은 어둠 속에서 과연 뭘 할 수 있을까. 시골 할머니들이 해가 뜨면 바로 일어나는 것은, 아마도 전기가 들어오지 않던 옛날부터 일찍 자고 일찍 일어나는 습관이 들어서일 것이다. 해가 떠 있는 시간에만 일할 수 있으니 그럴 수밖에 없었으리라.

『미라클 모닝』이라는 책이 있다. 아침을 '기적'으로 만드는 법을 알려주는 책으로, 새벽 4~5시 고요한 하루의 시작을 잘 활용하라는 메시지를 담고 있다. 시골 할머니들은 새벽 5시에 일어나는 일이 아주 당연한 일상이다. 그럼 새벽 5시에 일어난 할머니들이 모두 성공했을까? 안타깝게도 할머니들에게 새벽 5시는 '미라클 모닝'이 아니라 '굿모닝'일 뿐이다. 5시에 일어나는 게 중요한 것이 아니라, 그 시간을 얼마나 효율적으로 쓰느냐가 핵심인 것이다.

이 '미라클 모닝'을 변주해 '미라클 미드나잇'을 제안하고 싶다. 학교 다닐 때를 생각해보면, 시험공부를 하다가 밤 12시를 넘기는 경우가 빈번했던 기억이 난다. 또 대학에 들어간 후 술 마시며 놀다보면 어느새 12시가 지나 있었던 적도 부지기수다. 우리는 새벽 5시보다 밤 12시에 깨어 있어본 경험이 많은 세대니, 상대적으로 쉽게 깨어 있을 수 있는 12시를 공략하자는 것이다. 물론 체질상 '아침형 인간'이 더 잘 맞는 사람이라면, '미라클 모닝'을 시도해도 괜찮다. 자신만의 고요한 시간을 마련하는 것이 중요하지, 그 시각이 언제냐는 부차적인 문제일 뿐이다.

북테크를 시작한 이후, 나의 주요 독서시간은 밤 12시였다. 사실 어려서는 이 시간에 책을 읽은 적이 없다. 하지만 컴퓨터를 하거나 시험공부를 한답시고 엉덩이를 붙이고 있었던 날들은 많은 덕에, 책상 앞에 앉아 있는 일이 힘들지 않았다. 여기에 달달한 믹스커피 한 잔을 곁들여 재미있는 책 한 권을 손에 쥐면 천국이 따로 없었다. 낮에는 육아와 살림으로 고된 시간을 보내고, 밤 12시에 찾아온 '나만을 위한 시간'은 진정한 힐링의 순간이었다.

처음에는 '조금이라도 더 자야 내일 컨디션이 괜찮을 텐데', '내가 무슨 수험생도 아니고 새벽까지 깨어 있어야 해' 하는 마음이 들었던 것도 사실이지만, 날이 갈수록 그 시간을 진정으로 즐기게 되었다. 하루 중 유일하게 혼자 있을 수 있고, 나를 위해 쓸 수 있는 시간이라고 생각하니 소중하고 또 소중해 1분도 허투루 쓰고 싶지 않았다. 그리고 책은 그 소중한 시간을 귀중하게 만들어주는 값진 수단이었다.

책이 정말 재미있으면 새벽 2, 3시까지 읽은 것은 물론이요 밤을 지새운 적도 많았다. 하지만 의무감으로 지식을 얻기 위해 읽는 어려운 책은 금방 졸음이 쏟아졌다. 그래서 북테크 초반에는 재미있는 책을 주로 공략했다. 당장은 책과 친해지는 것, 책을 읽는 습관을 들이는 것이 중요하다고 생각했기 때문이다. 그래서 재미없는 책은 졸음이 쏟아지기 전에 다시 책꽂이에 꽂아두고, 또 다른 재미있는 책을 꺼내들어 계속 책 읽기를 즐길 수 있도록 노력했다.

오직 나를 위한, 나만의 시간

무엇보다 12시의 장점은 모두가 잠들어 있어서 나를 방해하는 사람이 없다는 것이다. 스마트폰 메신저나 전화도 울리지 않는다. 나중에 부동산 투자 정보를 얻을 때도 늘 밤 12시를 활용했다. 인터넷을 통해 지도를 보고 매물을 살폈다. 경매에 관심을 가졌을 때도 이 시간에 주로 검색했다. 누구도 방해하지 않으니 오로지 정보 검색에 집중할 수 있었다. 밤새 검색하고 모르는 것을 찾아가며 공부하다가, 궁금한 점이 생기면 다음날 직접 부동산을 찾아 물건을 보러 가기도 했다.

미라클 미드나잇은 책을 읽기 위한 시간으로 출발해 재테크를 위한 연구의 시간으로까지 확장되었다. 그래서 나는 지금도 여전히 이 시간을 절대 놓치지 않고 지키고 있다. 미라클 미드나잇을 누리기 위해 내가 꾸준히 하고 있는 일을 요약하자면, 이렇다.

내가 깨어 있기 쉬운 <u>고요한 시간</u>을 선택한다.
<u>재미있는 책</u>을 쌓아놓고 독서의 시간이 기다려지게 만든다.

미라클 미드나잇의 그 시간들 덕분에 나는 공부하고 또 성장할 수 있었다. 지금 이 글을 쓰는 시간은 새벽 2시 21분이다.

체력이 곧
독서력이다

↳ **'퇴근 없는 직장'에서 체력을 비축하는 법**

'퇴근도 휴가도 없는 직장'에서 어떻게 책 읽을 '시간'을 확보할 것인가에 대한 이야기를 했으니, 이제 어떻게 책 읽을 '체력'을 비축할 것인가에 대한 이야기를 해보자. 아무리 책 읽을 시간이 생겨도 기운이 하나도 없다면, 독서에 집중할 수 있을 리 만무하다. 하얀 것은 종이요, 까만 것은 글씨로구나 하다보면 어느새 스르르 잠들어 있을지 모른다. 그래서 시간만큼 중요한 것이 체력이다. 특히나 살림에, 육아에 자신의 모든 에너지를 쏟아붓는 엄마들에겐 체력이 곧 독서력이라고 해도 과언이 아니다. 책을 읽을 에너지를 확보할 수 있느냐 없느냐가 북테크의 성패를 좌우한다는 뜻이다.

⸖낮잠도 전략적으로⸖

나의 경우, 체력을 보충하기 위해 낮잠을 활용했다. 아니, 바로 앞에서 아이가 낮잠 잘 때는 졸려도 책을 읽었다고 했으면서, 이제는 낮잠을 잤다고? 이게 무슨 앞뒤가 맞지 않는 이야기냐고 의아해 할 분이 있을지 모르겠지만, 조금만 더 들어주시기 바란다. 돌 전 아기는 하루에 최소 한두 번, 많게는 서너 번의 낮잠을 잔다. 나는 아이의 첫번째 낮잠에는 무조건 함께 자고, 두번째 낮잠 때부터 책을 읽었다.

물론 욕심 같아서야 아이가 잘 때마다 책을 읽으면 좋겠지만, 그렇게 되면 금방 지치고 만다. 특히 '미라클 미드나잇'으로 밤잠이 줄어든 만큼, 낮잠은 부족한 잠을 보충하고 새벽시간을 더 잘 활용하기 위해 반드시 필요하다. 즉 새벽의 질 높은 집중을 위한 전략적 낮잠인 셈이다. 낮잠을 잘 자는 나름의 노하우도 터득했는데, 별것 아니지만 공유하자면 다음과 같다.

1. **하루 한 번은 무조건 낮잠을 잔다**: 아이가 어리다면 첫번째 낮잠 타임에 함께 자는 것이 좋다. 아이가 유치원, 학교 등 기관에 다닌다면 집으로 돌아올 시간까지 알람을 맞춰놓고 잔다.
2. **숙면할 환경을 조성한다**: 체력 보충을 위한 낮잠인 만큼 숙면이 중요하다. 전화벨이 울리는 걸 방지하기 위해 스마트폰은 잠시

무음으로 해두고, 집전화나 초인종이 울려도 그때만은 무시하는 게 좋다. 일어나는 순간, 잠이 확 깨기 때문이다.

3. **그냥 누워만 있는 것도 괜찮다**: 몸은 피곤한데 잠이 잘 오지 않는다면, 암막커튼을 친 방에서 눈을 감고 누워 있는 것도 좋다. 시각과 청각을 차단하는 것도 숙면만큼은 아니지만 나름의 휴식 효과를 준다.

어떤 책에는 '10~20분의 짧은 낮잠으로도 체력을 회복할 수 있다'고 하는데, 나는 최소 1~2시간은 자야 개운하다. 아이들이 집에 있는데 졸음이 쏟아질 때는 '엄마가 너무 피곤해서 그런데 낮잠 조금만 잘게' 하고 양해를 구하곤 한다. 이제 아이들이 많이 커서 기꺼이 이해해주며, 엄마의 낮잠시간을 존중해준다. 감사한 일이다.

⟩ 체력을 비축하는 세 가지 방법 ⟨

사실 낮잠만으로 바닥난 체력을 보충하는 게 쉽지만은 않다. 그래서 나는 애초에 쓸데없는 일에 내 소중한 체력을 낭비하지 않으려고 애썼다. 내가 체력을 비축하기 위해 '하지 않았던' 세 가지가 있다.

첫째, 쇼핑을 자주 하지 않았다.

나의 이전 책 제목이 '나는 마트 대신 부동산에 간다'였다. 사실 마트를 가는 건 돈도 아깝지만, 시간이 가장 아까웠다. 간단한 물건 두어 가지 사러 가는데도, 왔다갔다하는 데 몇 시간이 훌쩍 소요됐다. 최저임금 1만원 이야기가 나오는 시대인데, 온 가족이 쇼핑을 위해 이동한다면 이게 도대체 얼마의 인건비(?)가 낭비되는 격인지 모르겠다. (나는 내 시간만큼 아이들의 시간도 값지고 소중하다고 생각한다. 그러니 절대 허투루 써서는 안 된다는 것이다.)

게다가 쇼핑은 내게 피곤하기 그지없는 일이다. 쇼핑으로 스트레스를 푸는 사람도 많지만, 나의 경우엔 엄청나게 밝은 불빛 아래 엄청나게 많은 사람과 물건을 마주하는 일만으로도 진이 빠진다. 그래서 대형마트를 가면 남편에게 장 볼 목록을 적어주고, 나는 마트 안에 있는 서점에 가서 신간을 구경하곤 했다. 그나마도 마트에 가는 건 1년에 고작 한두 번 정도였다. 1+1 등의 프로모션에 현혹돼 충동적인 지출을 하기 쉽고, 사람이 많아 필요 이상으로 오래 머무르게 되기 때문이다.

쇼핑을 아예 안 할 수는 없는 노릇이기에, 최소한의 쇼핑을 전략적으로 했다. 대전에 살 때는 오정동 농수산시장, 노은 농수산시장, 한민시장, 중앙시장 등 도매시장과 전통시장을 이용해 고기, 과일을 대량으로 사두었다. 세종시는 조치원시장이 가까운데 돼지 등뼈는 5킬로그램에 1만원, 앞다릿살은 세 근에 1만원 정도면 구입할 수 있다. 시댁이나 친정에서 농사지은 채소를 주시면 무조건 감사히 받고, 가공식품이나 우유 등은 아이쿱생협에서 배달받거나 집 가까운 곳에서 소량으로 사 먹는다. 돈도 아끼고, 시간도 아끼는 나름의 쇼핑법이다.

둘째, 이웃을 자주 만나지 않았다.

나는 아이가 셋 있다. 그러다보니 참가하는 모임이 많다. 매월 열리는 아이쿱생협 자연드림의 마을모임도 10년 가까이 참여했고, 푸름이닷컴이라는 육아 커뮤니티 활동 역시 12년간 해왔다. 하지만 꼭 필요한 자리 외에는 잘 나가지 않는다. 가까운 곳에 아는 언니들도 있지만 자주 보진 않는다. 문화센터는 다닌 적이 없고, 조리원 동기와도 첫째돌 이후로는 본 적이 없다. 학부모모임은 1년에 한 번 정도 참석하는 것 같다. 최대한 내 시간과 체력을 지키기 위해서다.

사람들을 만나 브런치 먹고 커피 마시며 수다를 떨면 시간 가는 줄 모르고 재미있긴 하다. 어떤 날은 아이 유치원 픽업 가기 직전까지 온종일 수다를 떨기도 했다. 마음 맞는 사람들과 맛있는 음식을 함께 먹고 이야기를 나누는 게 정말 즐겁지만, 내가 공부하고 성장해야 할 타이밍에는 그 즐거움을 잠시 뒤로 미뤄두었다. 사실 돈을 지독하게 아낄 때는 돈이 없어서 못 나가기도 했는데, 어쨌든 덕분에 체력을 많이 아껴서 그만큼 독서와 공부에 집중할 수 있었다. 말을 많이 하는 것뿐 아니라 많은 이야기를 듣는 데도 에너지가 소진된다. 두뇌에서 처리

해야 할 정보가 많아지면 책에서 얻은 정보에 집중하기 어려워진다.

너무 시끄러운 곳에 있는 것도 마찬가지다. 주변의 소음에 정신이 산만해지면 집중력이 무너지기 쉽다. 이웃을 만나 대화를 나눌 여유가 생긴다면, 그 시간을 혼자 보내보는 건 어떨까. 고요하게 있는 시간, 마치 명상을 하는 듯한 시간을 갖는 게 중요하다. 조용히 푸르른 녹지가 있는 산책로를 걷거나, 멍때리며 음악을 듣는 것이 에너지를 충전하는 데 좋다.

셋째, 청소도 자주 하지 않았다.

사실 엄마들의 체력을 가장 많이 잡아먹는 것이 바로 살림이다. 하지만 살림을 손에서 놓을 수는 없는 노릇. 나의 경우 책을 읽는다고 살림을 등한시하지는 않았지만, 최대한 체력을 아낄 수 있는 방법은 고민했다. 그 방법 중 하나가 아이 장난감을 한 바구니에 모두 몰아넣은 것이다.

우선 빗자루로 온 집안을 다 쓸어서 한군데로 모은다. 그다음 장난감만 골라 바구니에 넣는다. 그럼 쓰레기와 먼지만 남는다. 그걸 쓰레받기에 담아 버리는 식이다. 일일이 손으로 물건을 치우고 청소기를 돌리면 너무 힘들어서 이렇게 했더니, 시끄럽지도 않고 전기요금도 절약되었다. 나중에 너무 바빠져 매일 청소하기 어려워진 후에는 이런 청소를 손님이 오시기 전날이나 방송 출연 전날 정도에 했다. '이럴 때 아니면 언제 청소하나' 싶어서 기쁜 마음으로 할 수 있었다.

이렇게 아낀 체력은 모두 책을 읽는 데 썼다. 체력을 잘 확보하면 집중력이 높아졌고 그만큼 독서력도 향상됐다. 더 적은 시간을 들이고도 더 많은 책을 읽을 수 있었던 덕에, 아이들을 돌보고 살림을 챙기면서도 읽기에 굶주린 내게 책을 흠뻑 부어줄 수 있었다. 기억하자. 체력이 곧 독서력이다.

책 살 돈이면
반찬이 달라진다?

↳ 세상 모든 책을 '공짜'로 보는 법

엄마들이 책 읽기를 주저하게 만드는 이유 중 하나는 책값이다. 책 한 권에 평균 1만 5천원 정도 하는데, 한 달에 4권을 구입한다고 해도 벌써 6만원. 그 돈이면 일주일 반찬값과 맞먹다보니 책을 살 엄두가 쉽게 나지 않는다. 하지만 걱정할 필요 없다. 세상 모든 책을 '공짜'로 보는 아주 간단한 방법이 있으니 말이다. 아마 다들 눈치채셨겠지만, 바로 도서관에서 대여해 보는 것이다.

나 역시도 돈을 아껴야 했기 때문에 책을 구입해서 보는 것은 사치였다. 더욱이 책을 마구잡이로 읽던 시기였기 때문에, 그 모든 책을 구입하기엔 무리였다. 그래서 도서관을 적극 활용했다. 사실 도서관을 이용하는 건 너무 간단하기에, 딱히 노하우라며 뭔가를 소개하기 민망하다. 그래도 조금이나마 도움이 되었으면 하는 바람으로, 오랜 시간 여러 도서관을 다니며 축적한 나만의 도서관 활용기를 공유해보려 한다.

⇒도서관을 200퍼센트 활용하는 법⇐

사실 도서관에서 필요한 책을 필요한 때에 바로 대여하기는 쉽지 않다. 인기 있는 책은 대부분 대출 중인 경우가 많기 때문이다. 그래서 나는 필요한 책을 한 도서관에서만 오매불망 기다리지 않았다. 여러 도서관을 뒤지면 간혹 운 좋게 원하는 책을 구할 수 있었다. 또 가족의 수대로 대출카드를 만들면 아이 카드로도 어른이 읽을 책을 빌릴 수 있었다. 그 외에도 몇 가지 팁이 더 있다.

첫째, 신간 신청제도를 적극 활용했다.

대부분의 도서관에서 신간 신청을 받는데, 그 도서를 구입하게 될 경우 신청자에게 우선 읽을 수 있는 권리를 준다. 나는 남편과 나의 카드를 이용해서 한 달에 4권 정도는 신간을 신청해서 보았다. 내 돈을 들이지 않고 새책을 볼 수 있어서 무척이나 설렜다. 하지만 인터넷으로 보고 신청하는 경우 제목이나 목차만으로 내용을 짐작해야 해서, 막상 읽고 나니 실망하는 경우도 많았다. 이후 신청할 신간을 고를 때는 내가 이미 읽었던 저자의 최근작을 위주로 선택했다.

2018년 현재 내가 살고 있는 세종시의 경우는 도서관이 아닌 서점에서 1인당 5권의 책을 빌릴 수 있다. 단, 바코드를 찍었을 때 세종시 전체에 있는 도서관에 많이 비치되지 않은 책이라는 사실이 확인되어야 한다. 그래서 신간은 거의 대출이 가능하다. 서점에서 빌리기 때문에 아주 깨끗한 책을 볼 수 있다는 장점이 있다. 기본 대여기간은 2주이고 일주일 연장이 가능하다. 만약 빌린 책에 낙서를 했다면 구매를 해야 하며, 깨끗하게 반납한 경우 그 책은 세종시에서 구입해 다른 도서관에 적절하게 배치한다. 계속 도서관이 생기고 있어서 많은 책을 마련해야 하는데 가능하면 시민들이 원하는 책을 구입하겠다는 의도로 파악된다. 침체된 지역 서점을 활성화시키는 방법이기도 하다. 이렇게 곳곳에 신간을 신청할 수 있는 기회가 있다. 본인이 살고 있는 지역에도 비슷한 제도가 있을 수 있으니 찾아보면 좋겠다.

둘째, 대출 예약제도를 적극 활용했다.

베스트셀러, 스테디셀러를 비롯하여 방송에서 언급되기라도 한 책은 사실상 대출이 불가능했다. 그럴 땐 대출 예약을 해서 내 차례가 돌아오기를 손꼽아 기다렸다. 기다리는 시간이 지루하긴 했지만, 오래도록 애태우다 만난 책은 그만큼 참으로 달콤했다. 어렵게 손에 넣었고 반납하면 또 쉽게 보지 못할 책이라는 걸 알아서인지 더 열심히 읽었다. 대부분 내용이 좋기도 했다.

단, 대학도서관의 경우는 방학이 되면 책 대출기산이 방학 전체 기간으로 연장되기 때문에, 그때는 인기 있는 책을 빌리기 어려웠다. 대학생들이 그토록 많이 책을 읽는다는 사실에 놀랐고, 나는 대학 때 뭘 했나 하는 생각이 들기도 했다. 대학교 다닐 때, 특히 방학 때 책이나 실컷 읽을걸 하고 뒤늦게 후회가 되었다. 하지만 후회는 이제라도 읽기 시작했으니 다행이라는 생각으로, 대학 때 안 읽은 만큼 더 열심히 읽자는 각오로 바뀌곤 했다.

셋째, 관심 분야의 서가에 자리를 잡았다.

도서관에 가면 책을 대출하기 전 일단 경제경영서 서가에 자리를 잡았다. 물론 시간 여유가 좀 있을 때만 가능했다. 어쨌든 도서관에 앉아서 책을 읽을 기회가 생기면 한 권을 다 읽겠다는 생각보다는 여러 권을 훑어보겠다는 마음을 가졌다. 10권씩 가져와서 개략적인 내용을 살폈다. 어떤 책은 집에 가져가서 더 깊게 읽어보고 싶었고, 어떤 책은 굳이 더 읽지 않아도 되겠다는 생각이 들었다.

그런 식으로 훑어보는 독서도 제법 도움이 되었다. 내용을 속속들이 파악할 수는 없었지만, 내가 깊이 파고들 주제를 선정하기엔 충분했다. 어차피 세상에 있는 모든 책을 한 글자도 빠짐없이 꼼꼼히 읽기란 불가능한 일이다.

넷째, 각 도서관의 핵심 서비스를 파악하고 이용했다.

세종시 서점 대여 서비스처럼 지역별로 특색 있는 제도가 있듯이, 도서관별로도 특화된 서비스들이 있다. 홈페이지 등을 통해 각 도서관에 어떤 서비스가 있는지 파악하고 적극적으로 이용했다. 대표적인 것이 국회도서관 논문 제본 서비스다. 국회도서관만 제공하는 서비스는 아니지만, 다른 도서관에 없는 논문이 여기 많았다.

경매를 공부하다가 '공유물 분할 청구 소송'에 관해 깊이 공부하고 싶어졌다. 곧장 도서관으로 가 책을 살폈는데, 아쉽게도 종류가 많지 않아 부지런히 찾아 읽어도 궁금한 것을 다 알 수가 없었다. 책으로 어느 정도의 내용은 파악했지만 더 깊이 알고 싶어 인터넷 검색을 했다. 그러던 중 어떤 분이 쓴 논문을 발견하게 되었고, 국회도서관을 찾아가 논문을 열람하고 프린트하여 제본을 맡겼다. 책에는 없는 고급 정보를 이런 식으로 소유할 수 있다는 것에 기쁨을 느꼈다. (안타깝게도 한자가 너무 많아 아직 다 읽지는 못했다.) 국회도서관은 다른 도서관에는 없는 논문을 많이 보유하고 있어서 개인적으로 서울에 사는 사람들이 부러웠다. 대신 내가 살고 있는 세종시 국립도서관에는 국가의 모든 정책에 관한 자료가 정말 많다.

어쨌든 서점에 발간된 책이 아닌 자료들 중에도 굉장히 유용한 것이 많으니 궁금한 것이 있으면 한번쯤 찾아봐도 좋겠다. 지적 호기심을 충족시키는 것만큼 쾌감을 불러일으키는 일이 세상에 또 있을까 싶을 정도로 좋았다. 새책을 사보기 어려워 방문한 도서관에서 오히려 더 큰 배움의 기쁨을 맛보았다.

도서관을 이용하면 책을 공짜로 읽을 수 있다는 점 외에 더 큰 장점이 있다. 바로 아이도 도서관과 친해진다는 점이다. 도서관에 갈 때 아이를 계속 데려가고, 관심 가질 만한 책들을 보여주다보면 아이는 어려서부터 도서관을 놀이터처럼 편하게 여기게 된다. 엄마는 책을 읽고 아이는 도서관에 대한 부담감이나 거부감을 자연스레 없앨 수 있으니, 그야말로 일석이조인 셈이다.

˘ '빌린 책'은 '다시 읽지 않을 책'이라 생각하자 ˘

도서관에서 빌린 책에는 형광펜으로 표시하거나 밑줄을 그을 수가 없다. (한때는 책을 구입해 밑줄도 마음껏 긋고 옆에 낙서도 해가면서 보는 것이 소원이기도 했다.) 그리고 집에 소장하고 있는 것이 아니라서, 갑자기 다시 읽고 싶거나 확인하고 싶은 내용이 있을 때 도서관으로 가야 한다는 단점이 있다. 도서관에 간다고 해도 그 책이 꼭 있으리란 보장도 없고 말이다. 그래서 도서관에서 빌린 책은 '다시 읽지 않을 책'이라는 마음가짐을 가지고 읽었다.

그러다 2013년 가을쯤부터 내가 읽은 책의 내용을 기억하기 위해 서평을 써야겠다는 생각이 들었다. 몇 시간을 투자해 읽은 책의 내용이 시간이 지나면 고스란히 사라지는 게 너무 아까웠다. 특히 도서관에서 빌린 책은 '다시 읽지 않을 책'이기에 서평을 꼼꼼히 쓰면서 머릿속과 기록에 확실히 남겨두기로 했다.

책을 읽다가 마음에 드는 문장이 있으면 별도의 메모장에 페이지수와 문장 맨 앞의 단어 2개 정도를 적었다. 책을 끝까지 읽고 나서는 메모장에 적힌 페이지를 펴고 그 단어를 찾았다. 방금 읽은 책이라 생각보다 빨리 찾을 수 있었고, 마음에 와닿는 문장이기 때문에 쉽게 눈에 들어왔다. 그 문장을 서평을 올리는 블로그에 하나하나 옮겨 적었다. 이런 식으로 하면 책을 두 번 읽는 효과도 있고, 도서관에 반납한 이후에도 서평을 찾아보면 어떤 책이었는지 새록새록 기억이 떠오른다. 한 권의 책을 열 번씩 읽기는 쉽지 않지만, 내가 쓴 서평을 열 번씩 보는 것은 아주 쉽다. 그렇게 내가 책에서 남기고자 한 귀한 정보와 지식을 머릿속에 깊이 각인시킬 수 있었다.

그런데 대체
무슨 책부터 읽어야 하지?

↳ 무슨 꿈을 이루고 싶은지부터 생각하라

책을 읽을 시간과 체력을 확보하는 법도 알아봤고, 비용에 대한 부담도 덜었으니 이제 책을 읽기 위한 기본적인 세팅은 끝났다. 이쯤에서 많은 분들이 떠올릴 질문은 이게 아닐까.

'그런데 대체 무슨 책부터 읽어야 하지?'

책을 읽어서 억대 연봉을 받게 됐다는 사람, 책을 읽고 CEO가 됐다는 사람은 많다. 그런 이야기를 접할 때마다 다들 독서에 대한 의지를 불태우곤 한다. 그런데 막상 책을 읽으려고 하면 무슨 책부터 읽어야 할지 난감해진다. 그런 사람들에게 들려주고 싶은 이야기는 하나다.

'무슨 책을 읽을지 전에 무슨 꿈을 이루고 싶은지부터 생각하라.'

세상에 책이 얼마나 많은가. 책이 다루는 정보는 또 얼마나 많고, 분야는 또 얼마나 다양한가. 단순히 취미로서의 독서, 교양 함양을 위한 독서라면 아무 책이나 구미가 당기는 대로 읽어도 상관없다. 하지만 삶을 바꾸기 위한 뚜렷한 목표하에 진행하는 독서라면, 그 목표에 맞는 책을 읽어야 효율적일 것이다. 그래서 책을 통해 이루고 싶은 것이 무엇인지, 구체적으로 정해놓고 시작하는 것이 중요하다.

내가 임신을 위해 책을 파고들었던 때를 생각해보면 남들이 좋다는 베스트셀러를 찾아 읽은 것이 아니다. 현재 내게 가장 필요한 책을 꺼내들었기 때문에, 생전 책이라곤 읽은 적이 없는 나였지만 첫 독서가 그리 어렵지 않았다. 내가 궁금한 것, 내가 알고 싶은 것을 해소하는 재미가 쏠쏠했기 때문이다. 특히 임신, 출산, 육아와 관련된 분야는 건강과 생명이라는 인간 존재의 본질에 닿아 있다. 엄마라면 누구나 아이에게 최고로 좋은 것을 주고 싶어 한다. 아이가 태어난 후뿐 아니라 태어나기 전, 그러니까 배 속에 있을 때부터 태교에 힘쓰는 이유다. 나는 아이에게 최고로 좋은 것이 무엇인지 알지 못했고, 책을 통해 조금씩 알아갔다. 그리고 책은 부족한 내가 늘 최고로 좋은 것을 선택할 수 있게 도와줬다.

⊰도서관과의 일대일 과외⊱

처음 북테크를 시작했을 때의 목표는 우선 '돈'에 집중됐다. 나를 사랑하기로 결심한 뒤, 어떻게 하면 나를 진심으로 사랑할 수 있을지 고민했다. 자존감을 세우는 게 우선이라는 생각이 들었다. 펀드가 반토막 나면서 죄책감도 컸고, 그로 인해 더욱더 움츠러든 상황이었다. 열악한 환경에서 아이들을 키우고 있으니, 하루빨리 아이들에게 보다 나은 환경을 선물하려면 돈을 모아 집을 사야 한다는 절실함이 크기도 했다. 돈을 벌고 싶었다. 경제적으로 자립하면, 아이들을 좀더 여유롭고 풍족한 환경에서 키우면 스스로에 대한 자신감도 올라가고, 그만큼 자존감도 높아질 수 있을 것 같았다.

도서관에서 경제 분야의 책을 닥치는 대로 읽었다. 돈을 버는 방법보다 먼저 내가 왜 돈을 잃은 건지를 공부했다. 미국이 금융위기가 왔는데, 왜 전 세계 주가가 폭락해서 내 펀드 잔고가 반토막이 났을까? 미국의 서브프라임 모기지 사태는 분명 미국 부동산의 문제인데, 왜 우리나라 주식이 떨어지는지 그 연관성이 이해되질 않았다. 또한 보통 주식이 떨어지면 부동산도 같이 떨어진다고 경제 이론에는 나오는데, 내가 살던 대전은 그렇지 않았다. 주식이 떨어져도 아파트 전세 보증금과 매매가격이 올라가는 원리는 또 뭔지 궁금했다. 왜 모든 전문가들이 장밋빛 미래를 예고하던 경제가 한순간에 곤두박질친 건지, 경제가 위기인데 부동산은 호황인 이유가 무엇인지, 그 모든 것을 파악하려면 경제의 흐름을 읽는 수밖에 없다는 생각이 들었다. 그래서 '경제 기초서 – 투자 실용서 – 경제 고전'의 순서로 책을 찾아 읽었다.

(그때 읽었던 책에 대한 이야기는 3장에서 더 자세히 다루겠다.)

금리, 환율, 부동산, 주식 등 다양한 주제를 읽다보니 세계 경제와 국내 경제가 긴밀히 연결되어 있음을 알게 되었다. 돈은 물이 흐르듯 방향성을 가지고 있고, 유동성이라는 양이 변할 때마다 흐름과 규모가 달라진다는 걸 알았다. 투자를 위해서 한 분야만 공부하는 것이 얼마나 위험한지도 깨달았다. 그래서 IMF 때, 누군가는 사업이 잘되다가도 쫄딱 망하고 주식 투자를 잘하다가도 한순간에 무너졌구나 싶었다. 대한민국 경제 규모가 많이 좋아지긴 했지만, 인구수와 땅 넓이만큼이나 취약한 편이라는 것도 깨달았다. 금리를 공부하니 금리가 더 높은 나라, 즉 경제성장률과 물가상승률이 높은 나라에 투자해야겠다는 생각이 들었다. 환율을 공부하니 가장 안전한 기축통화인 달러가 얼마나 중요한지 알았다. 세계적인 시각으로 다양한 책을 보니 부동산은 더이상 우리나라 사람뿐 아니라 외국인들도 투자할 수 있는 대상이라는 것을 알았다.

이렇게 모든 분야를 골고루 읽고 나서야 돈의 흐름을 깨달았다. 초중고대학을 나왔어도, 아니 2주 동안 국민은행 연수원에서 연수를 받았어도 배우지 못했던 돈의 가치에 대해 알게 되었다. 학교 선생님, 학원 선생님 없이 오로지 도서관과의 일대일 과외로 얻은 것들이었다.

나의 경우, 북테크 시작 전에 이미 책을 읽으며 위로를 얻고 책과 친해진 기간이 있었다. 또 북테크를 시작하고 한동안은 재미있는 책을 우선으로 하며 책 읽는 습관을 들이고자 애썼다. 그렇기에 그간 책을 멀리한 사람이라면, 목표 지향적인 독서는 고사하고 당장 책을 읽는 것 자체가 고역임을 잘 알고 있다. 전문적인 책 읽기, 특히 나의 전문 분야인 경제와 재테크를 책으로 공부하는 법에 대한 이야기는 뒤에서 더 자세히 하기로 하고, 일단 독서와 친해지기 위한 방법과 읽어야 할 책부터 살펴보기로 하자.

좋은 책을 추천해달라고 하시는 분들이 있는데, 사실 진짜 좋은 책은 나 스스로가 너무 재미있어서 잠 못 들고 빠져버리는 책이라고 생각한다. 독서의 세계로 빠르게 입문하려면 첫번째도 '재미', 두번째도 '재미', 세번째도 '재미'다. 재미있는 책이라고 해서 소설이나 만화 같은 것만을 의미하는 게 아니다. 사람에 따라서는 소설보다 경제서가 더 재미있고, 만화보다 역사서가 더 흥미진진한 법이다. 결국 앞에서 말했듯 내게 필요한 것, 내가 관심 있는 것을 담은 책이 재미있는 책이라고 할 수 있다.

나의 경우는 경제를 공부하는 재미가 쏠쏠했다. 내가 쉬지 않고 다양한 관심사를 번갈아가며 책을 읽었고 지금도 읽는 이유는 재미가 있기 때문이다. 단지 정보를 얻거나 성공하기 위해서만 읽었다면 중도에 포기했을지도 모른다. 좋은 책을 꾸준히, 재미있게, 오래 읽었기 때문에 값진 정보를 골라내는 안목이 생겼고, 여러 분야에서 활동할 수 있는 기반이 다져졌다. 고3 수험생처럼 머리를 싸매고 공부하면 1년은 할 수 있지만 재수, 삼수를 하듯 계속 해나가기는 힘들다. 독서는 평생에 걸쳐서 해야 하기 때문에 쉽고 재미있게 하는 것이 가장 중요하다.

북테크를 처음 시작할 때는 도서관에서 쉽고 재미있어 보이는 걸 마구잡이로 골라보자. 한번에 10~20권 정도 빌려와서 그날그날 마음 가는 책을 손에 쥐고 읽는 것이다. (일인당 대출 권수가 제한돼 있지만, 앞서 말했듯 가족 수대로 대출카드를 만들면 책을 여러 권 빌릴 수 있다.) 나의 경우 마음이 힘들고 무기력해질 때는 심리서 위주로 읽었고, 좀 기운이 나고 기분이 좋을 땐 재테크서를 읽었다. 감정이 널뛰기하던 시절이라 그날그날 읽고 싶은 책이 달랐고, 그때그때 내 기분과 상태에 맞춰 적절한 책을 공급해주었다. 유행하는 베스트셀러라든가 친구가 좋다고 추천한 책이 내게는 별 소용없었던 이유다. 지금 내 상황에 맞는 단 한 권의 책이 가장 좋은 책이었다.

그래도 어떤 책이 좋을지 잘 모르겠다면, 내가 쓴 방법을 참고해도 좋겠다. 나는 처음 도서관에서 어떤 책을 골라야 할지 모를 때 '손때가 가장 많이 묻고 여러 권 비치된 책' 위주로 봤다. 그냥 남들이 많이 봤으니 나도 한번 봐야겠다는 식의 단순한 마음가짐이었는데 덕분에 의

도치 않게 '스테디셀러'를 선택하게 됐다. 10년도 더 된 책들 속에서 시간이 지나도 변치 않는 진리를 발견하며 감탄했다. 그들은 내가 살 오늘, 즉 미래를 알고 있었다. 그래서 책을 통해 미래를 내다보는 것에 대한 확신을 가지고 끊임없이 책을 읽을 수 있었다.

꼬리에 꼬리를 무는 책 읽기

책을 읽는 재미를 어느 정도 느꼈다면, 이제는 다른 사람들의 추천에도 귀를 기울일 차례다. '손때가 가장 많이 묻은 책'처럼 사람들이 추천하는 책 역시 검증된 책일 가능성이 높기 때문이다. 독서 시작 단계에서는 내가 어떤 책을 좋아하는지 파악하지 못했기에 추천도서가 별 도움이 되지 않지만, 어느 정도 책을 읽고 나면 다른 사람들의 추천도서에서 나에게 필요하고 맞는 책을 골라내는 능력이 생긴다.

책을 읽다보면 저자가 다른 책을 추천하기도 하고 참고도서를 언급하기도 한다. 나는 그중 마음에 와닿는 것을 따로 적어두었다. 인터넷 재테크 카페에서 사람들이 좋다고 서평을 쓴 것들을 읽어보고 역시 제목을 적어두었다. 그렇게 책을 읽는 사람들에게 어느 정도 검증된 책을 추천받는 게 좋았다. 물론 나와 수준이 맞지 않고 어려운 것도 있었지만, 혼자서 아무 책이나 빌려 읽을 때보다는 '적중률'이 높았다.

그러다 마음에 드는 작가가 생기면 그 사람의 저서는 모두 찾아 읽었다. 책을 읽다보면 유난히 감동적이고 재미있는 책이 있었다. 딱딱하게 느껴지는 경제서, 부동산 투자서도 마찬가지였다. 정보를 얻으려고 책을 읽었는데 저자의 팬이 되는 경우가 비일비재했다. 그럴 때는 그 작가가 쓴 책은 모조리 구해서 읽었다. 그러다보면 그 사람이 오랜 시간 동안 연구하고 공부한 지식의 정수가 내 것이 되어 있었다. 감사하게도 저자가 수십 년을 바쳐 쌓은 지식과 정보를 단 몇 개월 만에 전수받은 것이다.

딱 '한 문장'만
남겨라

└, 책의 정수를 손쉽게 내 것으로 만드는 기술

책을 읽는다고 바로 인생이 바뀌진 않는다. 나 역시도 한동안은 펀드 실패, 내 집 마련 실패, 경력단절 등등 패배감에 절어 있는 채로 책을 읽었다. 읽은 책이 50권, 100권을 향해 달려갔지만 정작 내 생활은 아무것도 달라진 게 없었다. 굳이 달라진 점을 꼽자면 돈을 더 아끼고 저축을 더 하느라 더 찌질하게 살고 있었다는 것일까. 책을 쓴 사람들은 죄다 똑똑하고 성공하고 명예가 있고 돈이 많은 부자였기에, 닮고 싶다는 생각을 하면서도 나도 모르게 위축이 되었다.

그 무렵 『워런 버핏과의 점심식사』를 읽고 큰 충격을 받았다. 워런 버핏은 미국의 5대 갑부로 전설적인 주식 투자의 귀재다. 1956년 스물다섯 살의 나이에 투자조합을 설립해 어마어마한 성공을 거뒀다. 가치 있는 주식을 오래도록 보유하기로 유명하고, 대표적으로 코카콜라, 맥도널드, 애플 같은 주식을 계속 보유하고 있는 것으로 알려져 있다. 그런데 그의 투자 원칙 중 하나가 놀랍다.

"나는 그저 사무실에 앉아 온종일 책을 읽는다(I Just sit in my office and read all day)."

빌 게이츠가 전 세계 부자 2위로 자산이 100조원이고, 워런 버핏은 전 세계 4위로 90조원을 갖고 있다. 빌 게이츠 역시 독서광으로 유명하다. 책을 그만 읽어도 될 게이츠나 버핏 같은 사람도 여전히 하루 종일 책을 읽는다고 하니 자극이 되었다. 다시 힘을 내서 책을 읽어보기로 했다. 그리고 어떻게 하면 책을 더 잘 읽을 수 있을지를 고민하게 되었다.

어떤 책이든 배울 점이 '하나'는 있다

처음 책을 읽을 때 주의할 점은 '과욕'은 금물이라는 것이다. 책의 모든 내용을 이해하고 그것을 전부 내 것으로 만들려고 하다보면, 지치고 실망하기 쉽다. 나 역시 그런 과정을 겪은 후, '1책 1문장'이라는 전략으로 바꿨다. 책을 읽고 나서 내가 실천할 수 있는 것을 한 문장으로 요약하고, 그것만은 반드시 행동에 옮기려고 애쓴 것이다. 예를 들면 『이지성의 꿈꾸는 다락방』을 읽고 나서는 '나의 꿈을 적어보자'라고 메모하는 식이었다. 너무 간단하다고? 일부러 그렇게 적었다. 가장 쉬운 것을 적어야 실천할 수 있기 때문이다. 처음에는 만만한 것부터 적고, 하나씩 성취해가는 기쁨을 맛보며 꿈의 난이도를 점점 높여갔다. 시간이 갈수록 어렵고 힘든 것도 척척 해낼 수 있었다.

더욱이 실천 가능한 '한 문장'을 남기는 것을 독서의 목표로 삼자 나쁜 책이 따로 없었다. 어떤 책이든 배울 점 한 가지는 분명히 있었기 때문이다. 책을 읽는 나의 자세를 더욱 낮추고, 배우고자 하는 의지를 다질 수 있었다. 사실 북테크를 하다보면 어느덧 과욕을 부리기 쉽다. 어서 빨리 많은 정보를 습득하고 변화하고 싶다는 욕심이 들기 때문이다. 하지만 이렇게 하면 금방 지치게 된다. 또 기대에 못 미치는 책을 만나면 내 시간만 버렸다는 생각에 분해지면서, 점점 독서에 대한 흥미를 잃을 가능성도 높다. '1책 1문장', 즉 '한 권 읽고 한 문장 실천하기'는 독서에 대한 부담을 덜어주면서, 책에서 배운 것을 실천으로 옮기는 연습을 하는 데 있어 주효한 전략이다. 책의 정수를 손쉽게 내 것으로 만드는 기술이기도 하고 말이다. 내가 읽었던 책과 거기서 뽑아낸 한 문장을 몇 가지 소개해보고자 한다.

"게임하듯 읽는다."

『독서 천재가 된 홍대리』에서 뽑은 한 문장이다. 『이지성의 꿈꾸는 다락방』, 『여자라면 힐러리처럼』, 『리딩으로 리드하라』 등 다수의 베스트셀러를 쓴 국내 최고 자기계발·인문학 작가님의 책이다. 이 책은 특히 독서 초보자들의 입문서라고 할 수 있는데, 책과 담을 쌓고 지내던 주인공이 독서를 통해 변화된 과정을 소설처럼 재미있게 풀어냈다. 나의 경우 또 다른 책을 계속 더 많이 읽을 수 있도록 동기부여를 해준 책이기도 하다. 폭넓고 깊은 독서를 할 수 있는 원동력이 되었다.

나는 이 책에서 "게임하듯 읽는다"라는 문장을 실천하기로 마음먹었다. 독서를 게임으로 여기는 방법이 정말 좋았다. 이후 마감시간을 정해놓고 끝까지 다 읽는 것을 '이 게임'에서의 미션으로 삼았다. 책을 대충 훑어보면 이 정도는 얼마나 걸릴지 대략 감이 왔다. 기존에 비슷한 수준과 비슷한 분량의 책을 읽었을 때의 경험치가 있기 때문이다. 그렇게 시간을 정해놓으면 목표가 있어서인지 더 속도가 나고, 중간에 멈추지 않고 읽을 수 있었다. 물론 이해하는 게 목표가 아니라 제한 시간 내에 끝까지 읽는 게 목표였기에, 정독이 필요한 책의 경우에는 게임의 룰을 적용하지 않았다. 빠르게 내용만 파악하면 되는 책을 읽을 때 이 한 문장을 실행했다.

"맘먹고 관련 분야 책 100권쯤 독파하면 전문가는 아닐지라도 그 발치까지는 갈 수 있다."

『DID로 세상을 이겨라』의 송수용 작가님은 〈세상을 바꾸는 시간, 15분〉(일명 '세바시')에 출연한 동기부여 스타강사다. DID는 '들이대'의

약자인데, 안 될 것을 생각하지 않고 무조건 들이대면 성취할 수 있다는 뜻을 담고 있다. '나는 할 수 있다. 될 때까지 할 거니까'라는 그의 구호는 우리집 아이들이 뭘 하다 힘들어 할 때 내가 옆에서 기합을 넣는 용도로 사용하기도 한다.

이 책을 읽으며 무슨 일이든 저지르고(?) 보는 송수용 작가님의 대단한 에너지에 깊은 감명을 받았다. 되면 좋고 안 되면 말고의 식이었는데, 용기도 있지만 철저한 준비성도 있었다. 특히 맘먹고 관련 분야 책을 100권쯤 독파한다는 부분에서 큰 감동을 받았다. 역시 책이 답이구나, 하는 동질감도 느꼈다. 삶의 모든 분야를 책으로 배울 수 있다는 건 감사하고 기쁜 일이다. 원래도 관심 분야 책은 수십 권씩 찾아 읽었지만, 이 한 문장을 뽑아낸 후 더욱 강력해진 동기를 품고 100권 읽기를 목표로 꾸준히 독서를 할 수 있었다.

"만나자마자 자신의 지적 수준을 드러내보이지 말라."

『협상의 법칙』은 협상이라는 키워드를 가진 책 중 단연 가장 유명하다. 베스트셀러이자 스테디셀러로, 이만큼 좋은 협상도서가 더는 없을 만큼 훌륭한 책이다. 뭔가 나만 늘 손해보는 것 같고, 남에게 끌려다니기만 하는 것 같은 사람이라면 추천하고 싶다. 나는 스물넷에 결혼해 잠깐의 직장생활을 빼고는 계속 전업주부로 살았기 때문에, 이 책을 통해 비즈니스 협상을 배울 수 있어서 큰 힘이 되었다. 덕분에 부동산 투자를 하거나 나중에 방송, 출판, 강의를 할 때도 남에게 휘둘려서 크게 힘든 일은 없었다.

모든 문장이 주옥같은 책이지만, '만나자마자 자신의 지적 수준을 드러내보이지 말라'를 한 문장을 꼽은 것은 그만큼 임팩트가 컸기 때문이다. 이 책을 읽기 전에는 내가 알고 있는 것을 늘어놓거나 아는 척을 많이 했다. 그래야 똑똑해 보이고 상대가 나를 얕잡아보지 못할 것이라고 생각했기 때문이다. 하지만 지금은 최대한 많이 듣고 적절한 질문을 던진다. 내가 이미 알고 있는 것을 상대방이 설명할 때도 기쁘게 들어준다. 말이 정말 많은 편이었는데, 이 책을 읽고 나서 협상할 때는 '침묵'을 많이 하게 되었다. 말을 적게 하니 그만큼 깊게 생각할 여유가 생겼고, 고민한 만큼 협상을 더욱 유리하게 끌어갈 수 있었다. 협상이라고 하니 전문적이고 어렵게 느껴질 사람도 많겠지만, 사실 밥 안 먹으려고 떼쓰는 아이를 달래는 일이나 말도 안 되는 요구를 하는 주변 사람들을 상대하는 것 역시 협상이니 참고해보면 좋겠다.

"거두고자 한다면 먼저 뿌려야만 한다."

록펠러는 미국의 석유왕으로, 석유회사를 설립하여 정유소의 95퍼센트를 지배했다. 또 록펠러가는 6대를 이어 막대한 부와 권력을 누린 미국 최대의 부자가문이다. 록펠러재단을 운영하며 나눔을 실천하고 있는 것으로도 유명하다. 그만큼 세계적인 부자가문인데, 망하지 않고

6대째 부를 늘리고 있다는 것에서 배울 점이 많다.

어떻게 이토록 막대한 부를 누리고, 또 오랫동안 지킬 수 있었을까? 『록펠러의 부자가 되는 지혜』에 나온 비결은 단순하다. '거두고자 한다면 먼저 뿌려야만 한다'는 것이다. 명언이 아닌가? 부자가 되고자 한다면 먼저 씨를 뿌려야 한다. 이건 누구나 할 수 있고, 누구나 해야 하는 투자의 기본이다. 수입의 50퍼센트는 저축하고 종잣돈을 모아 지속적으로 투자해야 한다. 나는 이 한 문장을 통해 내가 뿌린 씨만큼 열매를 맺을 수 있다는 믿음으로, 저축하고 투자를 공부하는 일을 게을리하지 않았다. 그리고 저축한 돈을 모아 1년에 1채씩 부동산을 매입하는 것을 목표로 잡았다. 계속 노력한다면 꼭 이룰 수 있으리라 믿었다.

"물자가 귀할 때는 똥을 버리듯이 물건을 내어놓고, 물건이 흔할 때는 주옥을 다루듯이 취해야 한다."

사마천은 옥에 갇히고 궁형에 처한 상황에서도 『사기』라는 역사서를 저술하는 데 혼신의 힘을 다했다. 그야말로 혼이 담긴 책이랄까. 『사기』의 「화식열전」이라는 부분에 부자가 되는 방법이 있다고 하여 해설서를 구해 읽어보았다.

물자가 귀할 때는 아무도 물건을 내놓지 않는다. 하지만 이때 똥을 버리듯이 물건을 내놓으면 아주 비싼 가격, 부르는 값에 팔 수 있다고 했다. 매수자가 많기 때문이다. 그리고 물건이 흔할 때는 주옥을 다루듯이 사야 한다고 했다. 아무도 사려 하지 않고 모두 팔려고만 하기에, 아주 싸게 살 수 있다는 것이다. 이는 곧 수요와 공급의 법칙을 의미한다. 이 문장을 마음에 새긴 뒤 몇 번의 경험 끝에 나는 아무도 사지 않을 때 사거나, 아무도 팔지 않을 때 파는 전략에 익숙해졌다. 또한 이 책에서 사마천은 자기의 이익만 생각하고 세상의 이치를 보지 못하는 점을 꾸짖었다. 그래서 나는 심리적으로 욕심이 날 때마다 '여기까지만' 하고 스스로를 다독인다. 욕심이 일을 그르친다는 것을 배웠으니 말이다.

⤳ 한 권을 읽으면, 반드시 하나를 실천하기 ⤶

결국 독서는 실천을 위한 것이다. 더욱이 인생을 바꾸기 위한 북테크라면, 책을 통해 배운 내용을 실천으로 옮겨야만 삶이 달라질 수 있다. 책에서 한 문장을 뽑아내는 것이 중요한 게 아니라 그 문장을 활용하는 게 더 중요하단 이야기다.

내가 『팽현숙의 내조 재테크』라는 책을 읽었을 때 일이다. 팽현숙 작가님은 코미디언 출신으로 현재 남양주 덕소에서 '옛날 순대국'이라는 식당을 운영하고 있다. 20대 초반 이른 결혼 후 아이들을 키우며 남편을 내조하고 사회활동을 하지 않았는데, 그런 부분이 나와 비슷했다. 팽현숙 작가님은 젊은 시절 억척스러울 만큼 돈을 아꼈고, 한

식, 양식 조리사 자격증을 따서 직접 요리하며 식당을 운영했다고 한다. 그리고 종잣돈을 모으는 족족 아파트와 땅을 매입했다고 한다. 최근에는 경매로 강원도 땅을 아주 저렴하게 샀다고 하는데, 여전히 투자를 쉬지 않는 부지런함에 놀라고 자극받았다.

어쨌든 그 책에 "땅을 보러 다니다보니 땅을 보는 안목이 트였다. 대지보다는 임야를 사서 형질변경하면, 싸게 사서 개발비 빼고도 자체 땅값이 뛸 수 있다는 걸 알아냈던 것이다"라는 대목이 있었다. 대지보다 임야를 사서 개발한다는 부분을 한 문장으로 기록해두었다. 나중에 공부해보니, 농지전용 허가를 받을 때는 농지보전부담금으로 개별공시지가의 30퍼센트를 내는데 3.3제곱미터당 최대 16만 5천원까지 갈 수 있다. 산지전용 허가를 받는 데 드는 대체산림조성비는 개별공시지가를 최고액으로 반영해도 1제곱미터당 2만원 내외기 때문에 땅값이 비싼 지역일수록 농지보다는 산지를 개발하는 것이 유리하다. 임야는 산이라는 느낌 때문에 농지보다 늘 쌌지만, 잘 찾아보면 입지가 더 우수한 경우도 많았다. 그래서 지금도 개발 가능한 땅을 투자용으로 염두에 둘 때는 농지보다는 임야를 선호하는 경향이 생겼다. 이렇게 중요한 한 문장만 잘 기억하고 활용해도 평생 돈을 벌 수 있는 키워드를 놓치지 않을 수 있는 것이다. (혹시나 관심 있을 독자를 위해, 토지의 용도와 지목에 대해서 더 알고 싶을 땐 『지적도의 비밀』이라는 책을 강력 추천한다.)

읽긴 읽었는데, 이젠 뭘 어떻게……

↳ 머리는 '눈'보다 '손'과 친하다, 쓰기의 힘

앞서 잠깐 언급했지만, 나는 책을 읽으면 반드시 서평을 쓴다. 처음엔 독서록 같은 것을 따로 만들지 않고 닥치는 대로 읽었는데 그러다보니 읽었던 책을 모르고 또 빌려서 읽기도 했다. 한참을 읽다가 어디서 많이 본 내용인데 싶었던 적이 여러 번이었다. 더 큰 문제는 하루종일 열심히 읽은 책의 마지막장을 덮고 나면 무슨 내용이었는지 잘 기억나지 않는다는 것이었다. '이 책 참 좋다' 하는 느낌(?)만 남았을 뿐이다. TV나 인간관계를 멀리하면서까지 책을 읽은 지도 몇 년이 흘렀는데 뭔가 잘못되었다는 느낌이 들었다. 이런 식으로 책을 읽어서는 아무리 많이 읽어도 남는 것이 없다고 생각되었다.

서평을 본격적으로 쓰기 시작한 것은 2013년 블로그를 만들면서부터다. 책의 핵심 문장을 요약하고 나의 감상평을 쓰는 식이었다. 몇 시간 동안 책을 읽고, 또 시간을 들여 다시 핵심 문장을 찾아 쓰려면 제법 많은 공이 들었다. 그래도 다 쓰고 나면 보람이 있었다. 서평을 기록한 블로그는 나만의 자료 보관소이기도 했다. 예를 들어 인간관계로 마음이 힘들 때면 블로그 첫번째 서평인『데일 카네기 인간관계론』을 찾아 읽었다. 책을 일일이 들고 다니거나 집에 와서 책을 찾아볼 필요가 없었다. 중요한 문장은 서평 안에 다 집어넣었기 때문이다. 시간이 지나서 같은 책을 다시 찾아 읽는 경우도 있는데 그때 또 다른 문장이 가슴에 와닿아 새로운 문장을 추가로 필사하기도 했다.

꾸준히 서평을 쓰고 반복해서 읽다보니 많은 분들께서 서평 쓰는 법을 여쭤보셨다. 나만의 서평 작성 노하우를 정리하자면 이렇다.

1. 책을 읽으며 적어두고 싶은 문장에 밑줄을 긋는다. 빌려온 책이라면 다른 종이에 페이지수와 문장 첫 단어 몇 개를 써놓는다.
2. 책을 처음부터 훑으며 밑줄 그은 부분을 찾는다. 이때 너무 많이 반복되거나 다시 보니 그다지 적고 싶지 않은 문장은 제외하고 블로그에 베껴 쓴다. 문장마다 페이지수를 적어놓으면, 나중에 더 깊이 있게 읽고 싶을 때 찾기 쉽다.
3. 꼭 외우고 싶은 핵심 문장을 또다시 추려서 **빨간 글씨로 변경한다.** 이제는 컴퓨터에 적어놓은 부분을 훑어보면 되기에 빨리 할 수 있다.

4. 느낀 점이나 읽고 실천할 부분을 적는다. 실천해야 할 것은 저자가 이야기한 것 중에 가장 쉽고 만만한 것으로 한다. 앞서 말했던 '1책 1문장'이다.

5. 이 서평을 반복해서 읽거나, 필요할 때마다 찾아 읽는다.

딱히 특별한 것은 없지만, 내게는 책에서 배운 점을 실천하는 데 큰 도움이 된 서평 작성법이다. 하지만 사람마다 자신에게 맞는 방법이 따로 있을 것이다. 자기만의 노하우를 개발하는 재미도 있으니 찾아보시길 권한다.

᠈'선한 부자 프로젝트'의 시작᠄

사실 블로그를 열게 된 애초의 이유는 나와 같은 처지의 엄마들과 소통하고 싶었기 때문이다. 2013년 무렵엔 북테크를 통해 경제를 공부하고 재테크를 연구한 끝에, 아파트도 몇 채를 매입할 수 있었다. 어느 정도 여유가 생기다보니 바로 몇 년 전의 나와 비슷한 처지에 있는 엄마들을 조금이라도 돕고 싶다는 마음이 생겼다. 여전히 부족하고 미흡한 나지만, 내 경험과 지식을 나누면 어떨까 하는 생각이었다. 많은 주부들이 육아와 살림에 치여 책 읽기나 경제에 관심을 가질 틈이 없다. 알려주는 사람도 없고 혼자서 공부하기엔 어렵게만 느껴지니 더욱 멀어질 뿐이다. 심리적인 거리를 좁혀주고 싶었다. 그래서 블로그에 서평과 경제, 재테크 관련 이야기를 올리기 시작했다. 그런데 어느 날 문득 이런 생각이 들었다.

'남들이 더 쉽게 성공하는 건 아닐까?'

서평을 읽은 사람들이 귀한 정보를 쉽게 얻는다는 생각에 묘한 시기심이 일기 시작했다. 정말 아무에게도 알려주고 싶지 않은 보물 같은 책을 발견했을 때 더더욱 그런 느낌이 들었다. 겉으로는 다른 사람들이 잘되도록 도와주고 싶다고 하는 나의 내면에는 여전히 '남보다 내가 더 잘되고 싶다'라는 못난 욕심이 있었다. 그때 존경하는 한 분의 목소리가 내 귓가에 울렸다.

"남의 아이가 잘 자라야 그 아이가 내 아이의 배우자가 되고 평생을 함께 살아갑니다."

독서영재를 키운 것으로 유명한 푸름이 아버님은 늘 이렇게 말씀하셨다. 처음에는 그 말을 이해하지 못했다. 내 아이가 잘돼야지 남의 아이가 잘되면 무슨 소용이냐고 생각했다. 좋은 것은 나만 알아야 한다고, 남들이 알면 내가 경쟁에서 밀릴 거라고 두려워했다. 초중고대학부터 직장까지 쉼 없이 '순위를 매기는 경쟁'에 노출되었던 무의식이 쉽사리 변하지 않았던 것이다. 하지만 좋은 사람들을 만나고, 또 좋은 책을 읽으면서 서서히 생각이 바뀌었다.

사람들은 대부분 부자가 나쁘다고 생각한다. 그러면서 부자가 되고 싶어 한다. 하지만 부자를 나쁜 사람이라고 생각하면서는 부자가 되기 쉽지 않다. 가령 부동산 투자자를 '투기꾼'이라 부르면서 부동산으로 돈을 벌 수는 없을 것이다. 부자가 되고는 싶지만, 부자가 나쁘다는 생각을 버리기 힘들다면, 답은 간단하다. '선한 부자'가 되면 되는 것이다. 그래서 블로그 이름을 '선한 부자 프로젝트'로 정했다. 계속 책 읽고 공부하면서 물질적 부를 쌓는 동시에, 책 읽기를 다른 사람들에게 전파하고 경제에 대한 자료도 공유하기로 결심했다. 즉 혼자 배부르면 그만이라는 이기적인 부자가 아니라 함께하는 기쁨을 추구할 줄 아는 '선한 부자'가 되기로 한 것이다. 그렇게 결심하니 내가 어렵게 쌓은 지식과 정보를 사람들과 나누는 것이 전혀 아깝지 않았다.

책 읽기를 통해 경제적으로나 정서적으로 안정을 찾는 가정이 늘어날수록 사회에 이익이 될 거라고 믿었다. 푸름이 아버님 말씀대로 우리 아이가 자랄 미래를 생각하니, 책을 많이 읽는 사회를 만드는 일이 얼마나 중요한지 알았다. 나만 보고 싶은 책일수록, 부자들이 읽는 책일수록 세상에 공개하고 널리 알려야겠다고 생각했다. 그리고 내가 변화했듯이 누군가도 그 변화를 함께할 것이라고 믿었다.

책 읽기를 멈춘다는 것은 있을 수 없었다

지난 5년간 블로그에 400여 권의 서평을 올렸다. 막내가 벌써 여섯 살이니 막내를 낳은 해에 블로그를 시작한 셈이다. 세 아이를 키우면서 절약, 투자도 했지만 가장 많은 시간을 투자한 것은 단연 책 읽기였다. 책을 읽으면서 매일 사색하고 통찰하는 습관이 생기니, 많은 것을 결정할 때 빠르고 현명하게 판단할 수 있었다. 결국에 부자가 되는 길은 끊임없는 선택에서 돈을 '버는 쪽'에 베팅하는 행위의 반복이다. 단 한 번의 실패가 얼마나 무서운지를 경험했기에 더 치열하게 돈 공부에 매달렸다. 1개를 투자할 땐 1개만큼만 신경쓰면 되었지만 10개를 투자하면 10개만큼의 에너지가 아니라 그 몇 배를 더 쏟아야 했다. 돈이 많아지고 더 많은 돈을 투자할수록 더 부지런히 생각하고 신중하게 판단해야 했기에, 책 읽기를 멈춘다는 것은 있을 수 없었다.

책은 나의 스승이고 힘들 때 함께하는 조력자였다. 무지몽매한 어린아이와도 같았던 나를 성장시키는 도구기도 했다. 누군가 내게 블로그에 서평을 쓰면 돈을 준다고 했어도 보람과 성취감이 없으면 결코 하지 못했을 것이다. 스스로에게 너무 큰 도움이 되고 유익했기에 멈출 수가 없었던 것이다. 그리고 나의 서평을 읽고 좋은 책을 알게 돼서 감사하다는 분들을 보면 더욱 힘이 났다. 책을 읽고 변화된 인생을 살고 있다는 분들도 많다. 내 서평을 보고 비슷한 분야의 또 다른 좋은 책을 추천해주시는 분들도 있다. 나는 이렇게 책을 통해 천군만마를 얻은 것처럼 풍요로운 삶을 살게 되었다.

그리고 그것이 이 책을 쓰는 이유이기도 하다. 내 블로그를 모르는 분들에게도 내 삶을 바꾼 책 읽기의 기적을 알려주고 싶었다. 무엇보다 경제적 자유를 꿈꾸지만, 직장을 다닐 수도 없고 재테크는 너무 어렵다고 느끼는 엄마들에게 누구나 할 수 있는 경제와 투자 공부법, 돈 되는 독서법을 알려주고 싶었다. 다음 장에서는 책에서 얻은 지식과 정보를 어떻게 투자에 활용할 수 있는지, '책이 어떻게 돈이 되는지' 살펴보기로 하자.

부자엄마 선언서 #2: 터닝 포인트

"나는 '마트' 대신 '도서관'에 가겠다"

● '마트' 대신 '도서관'에 가려는 이유는 무엇인가?
  터닝 포인트가 된 계기에 대해 적어보자.

● 무슨 책을 읽을 것인가?
  즉, 무슨 꿈을 이루고 싶은가?

● 미라클 미드나잇(혹은 미라클 모닝)에
  나는 무엇을 할 것인가?

3장

아는 것은 '힘'이 아니라 '돈'이다

북테크 2단계: '지식'과 '정보'는 어떻게 '이익'이 되는가

북테크 2년 뒤,
2천만원으로 내 집을 마련하다

↳ **책에서 얻은 '지식'을 '돈'으로 맞바꾸는 법**

2008년 펀드 투자 실패로 수천만원을 잃은 후, 닥치는 대로 경제서를 읽기 시작했다. 물질적으로나 정신적으로나 부자로 사는 '부자엄마'를 꿈꾸며 책을 통해 인생을 변화시키겠다는 구체적인 목표를 세우고 북테크에 돌입한 것은 그보다 뒤의 일이지만, 엄밀히 따지면 책을 파고들기 시작한 2008년에 이미 '북테크'의 문을 연 셈이다.

그리고 책으로 경제와 돈을 공부한 지 2년째인 2010년, 나는 2천만원으로 내 집을 마련할 수 있었다. 2천만원으로 집을? 이게 어떻게 가능했을까? 그 이야기를 들려드리려 한다.

⇃다른 사람들은 대체 어떻게 돈을 버는 걸까⇂

무작정 경제서를 파고들던 시절 참 많은 책을 읽었다. 망한 사람은 어떻게 망했고, 돈을 번 사람은 어떤 시스템으로 돈을 벌었는지, 많은 사람들의 투자 이야기를 간접 경험하는 소중한 기회였다. 그중 기억에 남는 책 하나는 2009년에 읽은 『노후를 위해 집을 저축하라』이다. (이 책은 2016년 '노후를 위해 집을 이용하라'라는 제목으로 개정판이 출간되었다.) 저자는 전세가와 매매가가 차이나지 않는, 임대수요가 많은 소형 아파트를 수십 채 가지고 있었다. 일반 매매와 경매를 통해서 마련했다고 했다. 천만원 남짓한 돈으로 집을 사서 모으는 저자의 글을 읽고 큰 충격을 받았다. 그는 '이슈가 되지 않는 곳에 진주가 있다'며 저위험 투자를 강조했다. '투자금이 적게 들고, 임대수요가 많은 지역의 물건'에 집중해야 한다는 조언이었다.

이 책이 출간된 2009년 이후 폭등하던 서울, 수도권 집값은 침체기에 접어들었다. 하지만 내가 살던 지방의 경우에는 금융위기 이후 아파트 분양물량이 급감한 탓에 전세 보증금이 끝없이 올랐다. 다른 사람들은 이렇게 여러 채의 아파트에 투자해 돈도 버는데, 나는 내가 살 집 하나도 없다는 사실이 서글펐다. 그때 나의 가장 큰 고민은 두 가지였다.

- (계속 전세를 살자니) 떨어질 줄 모르고 오르기만 하는 전세가가 걱정되었다.
- (대출을 받아서라도 집을 사자니) 혹시나 집값이 떨어질까 불안하고, 대출이자를 감당하기도 부담스러웠다.

대한민국 주부들 중 '내 집 마련'이 꿈이 아닌 사람이 과연 있을까 싶을 만큼, 우리나라 사람들은 내 집에 대한 열망이 대단하다. 나 역시 그랬다. 그렇지만 펀드 실패를 통해 과욕은 화를 부른다는 사실을 깨달았고, '분수에 맞는 적당한 집'을 소유하는 것으로부터 출발해야 한다고 생각했다. 작은 평형부터 구입해서 점차 평형을 늘려가고, 최종적으로 신규 분양 아파트를 구입하자는 계획을 세웠다. 그럼에도 앞의 두 가지 고민 때문에, 계획을 실행에 옮기는 데 애를 먹었다. 집값이 오를지 내릴지 확신이 없는 상황에서 대출을 받는 건 리스크가 컸고, 계속 전세로 거주하자니 2년마다 수천만원씩 오르는 전세금을 감당하기가 너무 고통스러웠다. 평생 전세난민으로 살아야 할 것만 같았다. 그래서 도서관으로 달려갔다. 어찌해야 할지 고민될 때마다 나는 책을 찾았다. 책 속에 지혜가 있으리라고 철썩같이 믿었다.

그렇게 수많은 책을 읽으며 두 가지 고민을 한번에 떨쳐버릴 수 있는 힌트를 얻었다. 바로 전세를 '헤지(hedge)'하는 것이었다. 헤지란 금전 손실을 막기 위한 대비책을 뜻하는 용어인데, 금융권에서는 보통 외국환으로 투자를 할 때 쓴다. 예를 들어 미국에 상장된 주식펀드에 투자할 때, 현재 투자시점의 환율로 고정시켜놓는 것을 '환헤지'라고 한다. 헤지를 하지 않으면 투자금 회수시점의 환율에 따라 손익이 갈리게 된다. 즉 회수시점에 환율이 올라 있으면 이익을 얻지만, 떨어져 있으면 손해를 보게 된다. 현재 환율이 1달러당 1120원이라면 환헤지를 했을 경우 영원히 1달러에 1120원으로 투자이익을 회수할 수 있는 것이다. 나는 '전세 헤지'(내가 최초로 만든 용어다)를 하기로 했다.

나는 이렇게 '전세 헤지'를 했다

신혼초에는 돈을 모아서 집을 사야겠다고 생각했지만, 아무리 노력해도 집을 살 돈은 모이지 않았다. 아니, 돈을 모으면 모은 돈의 몇 배만큼 집값이 올랐다. '나는 평생 집을 살 수 없는 건가'라며 좌절하기도 잠시, 다른 사람들은 어떻게 집을 샀는지, 어떻게 돈을 벌었는지 책으로 공부하면서 나도 집을 살 수 있는 방법을 배워나갔다. 그리고 2010년, 힘든 와중에도 아끼고 아껴 저축한 덕에 적금이 만기되어 수중에 돈이 생겼다. 전세가가 미친듯이 오르고 있었기에 전세를 끼면 우리가 가진 돈으로도 집을 살 수 있겠다 싶었다. 그때부터 남편과 뜻을 모아 집을 보러 다녔다.

그러다 대전 월평동의 진달래 아파트를 발견했다. 주변 학군도 좋고, 지하철역과 매우 가까워 투자 가능성이 높아 보였다. 무엇보다 내가 오랫동안 살았던 곳이라 잘 아는 지역이다보니 고민 없이 결정할 수 있었다. 전세를 끼고 사면 2천만원으로 매수가 가능했다. 게다가 그 아파트는 매매가와 전세가가 크게 차이 나지 않았다. 설사 집값이 떨어져도 큰 손해를 보지 않을 수 있다는 계산이 섰다.

우리는 낡은 재개발 빌라에 전세를 살면서, 일단 아파트를 사서 전세를 주었다. 투자금은 2천만원이었고 어차피 그 돈으로는 아파트 전세로 옮길 수도 없으니 더 먼 미래를 보고 투자하기로 한 것이다. 하루라도 빨리 아이들을 더 좋은 집에서 살게 하고 싶었지만, 현재로선 불가능하니 좀더 인내하기로 하고 미래에 베팅한 셈이다. 몸은 낡은 빌라에 살았지만, 언젠가 들어가 살 내 집이 있다는 생각에 마음 한편은 든든했다. 세입자에게 돌려줄 보증금을 모아 우리가 실제로 들어가 살기 전까지는 '내 집'이라 부르기 민망할지 몰라도, 부지런히 저축하면 아이가 초등학교에 들어갈 무렵엔 대출 없이 이사할 수 있을 것 같았다. 내가 처음 집을 사며 했던 전세 헤지를 정리하면 다음과 같다.

- 실거주로 들어갈 집을 미리 사놓았다.
- 매매가는 1억 7천만원이었지만, 전세를 1억 5천만원에 놓았기에 투자금은 2천만원이었다.

- 내가 살고 있는 빌라의 전세 보증금에 몇 년간 열심히 돈을 모아 1억 5천만원을 만들면, 세입자에게 보증금을 주고 우리가 들어가 살 수 있다. 대출도 받지 않고 진짜 내 집을 얻는 것이다.
- 단, 주의사항이 있다. 이렇게 전세 해지를 할 때는 전세가가 지속적으로 상승하고, 공실 가능성이 없는 입지에 집을 구해야 한다. 내가 전세 해지를 한 집은 지하철 초역세권의 24평으로 초중고 학군이 좋았다. 게다가 이마트 트레이더스가 길 건너편에 있는 등 편의시설도 잘 갖춰져 있었다. 공실 가능성이 없다고 봤기에 과감히 투자한 것이다.

　내 집을 현명하게 마련하는 방법은, 스스로에게 묻는 것이다. '집값이 오른다는 보장이 없어도 이곳에 거주할 것인가?' 사실 본인이 살고 싶은 지역은 대부분 정말 좋은 지역일 확률이 높다. 세입자도, 실거주자들도 대부분 같은 생각을 할 것이다. 돈을 벌어야겠다는 마음가짐보다 누가 봐도 좋아 보이고, 살기 좋은 집을 선택해야 안전하다. 나는 집값이 오르기를 기대하기도 했지만, 무엇보다 내가 들어가 살고 싶은 집을 택했다. 그래서 설사 집값이 오르지 않아도 불안해 하지 않고 버틸 자신이 있었다.

⫶나의 미래가 기대되는 이유⫶

북테크를 하지 않았다면, 펀드로 돈을 잃은 걸 후회하고 한탄하며 가만히 있기만 했다면, 내가 집을 살 수 있었을까? 실패를 배움의 기회로, 반전의 시작으로 삼고자 노력하고 책을 읽으며 공부했기에, 불과 2년 뒤 집을 살 수 있었던 것이라 생각한다. 사실 돈을 투자하는 데 있어 불안감을 느끼는 것은, 그 분야에 대한 지식이 없고 그래서 확신이 없기 때문이다. 충분히 준비하고 나만의 투자 원칙을 세운다면 불안할 이유가 없다. 처음 집을 살 때 나는 불안하지 않았다. 2년간의 독서로 지식과 정보를 충분히 쌓았기 때문이다.

집값이 큰 폭으로 떨어지는 경우는 공급보다 수요가 적어져 전세가가 하락하고 빈집이 생길 때다. 집값이 오른다는 기대가 꺾이면 사람들은 주로 전세를 택하게 되고, 수요가 부족하니 매매가격이 점점 떨어진다. 반대로 수요에 비해 집이 부족하면 집값이 오르리라는 기대 심리가 없어도, 전세가가 오르고 결국 매매가까지 밀어 올리게 된다. 물론 금융위기에는 수요-공급과 별개로 집값이 흔들린다. 하지만 이때도 입주물량이 과다하지만 않다면 시간이 흐르면서 괜찮아진다. 수요와 공급의 법칙은 변하지 않는다.

2018년 현재 군산, 거제, 창원 같은 지역은 조선업이 침체를 겪으며 일자리가 사라져 거주수요가 급격히 감소했고 따라서 집값이 하락하고 있다. 잘나가는 일자리가 한 업종인 지역의 경우는 시대의 변화에 따라 위험해질 수 있으므로 세계적인 산업 동향을 관찰해야 한다. 처음 집을 마련할 때 내가 거주하고 있던 대전은 대기업이 없는 특이한 광역시다. 중심지에는 법원, 시청, 정부청사, 대덕연구단지 연구원들이 많이 살고 있다. 다시 말하면 금융위기 때도 직장이 사라지는 경우가 없으므로 안정적이었다. 이렇듯 부동산에서 무엇이 중요한지, 경제의 흐름이 어떤 식으로 굴러가는지를 많은 책을 통해 알게 되었기에 확신을 갖고 집을 살 수 있었던 것이다.

부모님께 몇 억씩 증여받아 내 집 마련을 앞당길 수 있거나, 저축만으로 몇 억이 떡하니 만들어지는 고소득자가 아니라면 방법은 공부뿐이다. 나는 그래서 미친듯이 책을 읽고 경제와 부동산을 공부했다. 많이 벌지 못하고 물려받을 재산도 없다면, 부자들보다 경제를 더 열심히 공부하는 수밖에 없었다. 언제가 사야 할 때고 언제가 팔아야 할 때인지를 정확히 알 수 있다면, 대출을 받아 집을 사는 게 두렵지 않고 청약을 해서 분양을 받는 것이 무섭지 않을 것이다.

나는 적기에 2천만원을 투자하여 내 집 마련을 미루지 않고 빠르게 할 수 있었다. 그리고 이후 더욱 가열차게 경제를 공부하고 발품을 팔아 정보를 수집했다. 아끼고 아껴 돈을 모으며, 한 채 한 채 집을 늘려갈 수 있었다. 종잣돈이 1~2천만원이면 가능한 지방의 소형 아파트 위주로 말이다. 그렇게 6년간 꾸준히 투자를 하면서 임대수익과 시세차익을 얻었고 아파트 15채를 보유하기에 이르렀다. 그리고 나는 여전히 책을 읽으며 경제를 공부하고 있다. 처음엔 부족했지만 안목이 점점 더 발전하고 있다. 나의 미래가 기대되는 이유다. 돈을 더 많이 벌 미래가 아니라, 점점 더 아는 것이 많아지고 스스로에 대한 자신감으로 가득찬 미래, 그리고 그것을 다른 사람들과 나누는 미래 말이다.

누구나 적용할 수 있는
부의 법칙 'R²T=M'

↳ **돈을 벌려면 돈을 알아야 한다**

설명이 필요 없는 거부 빌 게이츠는 연간 50여 권의 책을 읽는데 그의 철칙은 한번 읽기 시작하면 반드시 끝까지 읽는 것이라고 했다. 페이스북 설립자 마크 저커버그는 "책을 읽는 것은 지적으로 성취를 얻는 것이다. 책은 오늘날 다른 어떤 매체들보다도 더 당신을 한 주제에 매달리고 몰두하게 해준다. 독서에 좀더 매달리겠다"고 자신의 페이스북에 글을 남기며 2주에 한 권 독서를 선언했다. 일본 최고의 부자 손정의는 소프트뱅크 창업 2년 만에 중증 만성간염으로 꼬박 3년간 병원에 입원했다. 그는 그 와중에 4천 권의 책을 독파하겠다는 계획을 세우고 경영서, 역사서, 전략서 등 다양한 책을 읽었다. 병중 3년의 독서가 오늘날 최고의 기업가를 만들었다고 해도 과언이 아니다.

⟩ 세계 최고 부자들의 성공비결 ⟨

세계 최고의 부자들은 하나같이 성공비결로 책을 꼽는다. 진짜 비결을 알려주기 싫어서 그냥 책이라고 둘러대는 걸까? 그렇다고 하기엔 실제로 그들의 독서량이 일반인과는 비교할 수 없을 정도로 방대하고, 아무리 바빠도 늘 손에서 책을 놓지 않는다. 책이 절대비결이 아닐지는 몰라도, 부자들 모두가 공유하는 공통비결임은 분명한 것이다. 북테크 초기, 바쁘고 힘들어 독서를 등한시하게 될 때마다 '내가 육아를 하느라 아무리 바빠도 세계 최고 기업을 이끄는 빌 게이츠나 마크 저커버그만 할까?'라고 생각하며 스스로를 채찍질했다. 지금도 여전히 그들을 떠올리면 1년에 50권 읽기가 어렵다는 핑계를 대지 못한다. 2018년 9월 현재, 나는 이미 50권 이상의 책을 읽었다.

어쨌든 세계 최고 부자들의 책 읽기를 연구하면서, 또 내가 직접 책을 읽어오면서 터득한 '부의 법칙'이 있다.

$$Reading^2 \times Time = Money$$
$$독서량^2 \times 시간 = 돈$$

'$R^2T=M$', 즉 책을 읽으면 읽을수록 부자가 된다는 것이다. 특히 R에 제곱을 붙인 이유는 '긴 시간' 책을 읽기보다는 '많은 양'의 책을 읽는 것이, 돈을 버는 데에는 더 효과적이라는 메시지를 전달하고 싶기 때문이다. 책을 '오래' 보는 것보다 '많이' 보는 것이 중요하다. 돈을 버는 다양한 법칙과 노하우, 그리고 성공사례와 실패사례를 분석하려면 최대한 많은 데이터를 확보하는 것이 핵심이기 때문이다. 성공사례 못지않게 실패사례를 들여다보는 깃이 필요하고, 국내를 넘어 해외의 사례까지 보면 더욱 좋다. 요즘은 역사서도 봐야겠다는 생각이 든다. 시대와 무관하게, 언제 어디서나 통하는 부의 법칙이라는 것이 있기 때문이다.

≳ 돈 공부, 일단 어떻게든 '끝까지 읽는 것'이 중요하다 ≲

R²T=M의 공식에서 R에 제곱을 붙인 또 하나의 이유는, 읽은 책이 많아질수록 이해도와 사고력이 기하급수적으로 향상되기 때문이다. 가령 책 2권을 읽었을 때의 이해도가 '4'라면 10권을 읽었을 때의 이해도는 '100'이 된다. 처음에는 무슨 말인지 좀처럼 알아들을 수 없던 분야도, 읽은 책이 쌓여가다보면 어느 순간 '개떡같이 말해도 찰떡같이 알아듣는' 수준이 되는 것이다. 내가 산증인이니 믿어도 좋다.

나는 책으로 돈과 경제를 공부할 때 잘 알려진 유명인의 저서부터 시작했다. 도서관에 가서 처음 고른 것이 현영, 고승덕, 팽현숙 등 TV

에 자주 나오는 사람들이 쓴 책이었다. 그나마 아는(?) 사람들이니 어려운 내용도 좀 친숙하게 다가오지 않을까 하는 생각에서였다. 하지만 기대와 달리, 이해할 수 없는 내용이 태반이었다. 절약 마인드에 대한 책은 괜찮았지만, 본격적인 투자와 재테크 관련 책은 무슨 말인지 하나도 알 수 없었다. 그래도 '다시는 돈을 잃지 않겠다'는 불굴의 의지로 끝까지 읽었다. '여기서 포기하면 끝'이라는 위기감 때문에 책 읽기를 멈출 수 없었다.

일단 책의 처음부터 끝까지 모든 글씨를 빠짐없이 읽기만 하는 정도로 목표를 낮게 잡았다. 내용을 이해하려고 하면 책장이 도무지 넘어가지 않았기 때문이다. 어려운 분야, 생소한 내용의 책을 읽을 때는 '일단 어떻게든 끝까지 읽는 것'이 중요하다. 처음 독서를 시작할 때 책과 친해지는 과정이 필요했듯, 낯선 분야와도 익숙해지는 과정이 필요하기 때문이다. 당장 뜻을 모르더라도 경제 용어들을 눈에 익히는 과정이, 뭔 소리가 싶어도 경제 이론들을 머리에 새기는 단계가 요구된다. 그래서 나는 죽이 되든 밥이 되든 일단 무조건 읽었다. 그러다 보니 경제서에 자주 등장하는 용어들을 외우게 되었고, 투자에서 주효하게 다뤄지는 기법이나 이론도 알게 되었다. 그렇게 차츰 개념들을 이해하고 이론을 숙지할 수 있었다.

이렇게 어느 정도 개념이 잡힌 후에는 경제 기사를 따로 챙겨봤다. 책은 과거의 내용이니 현재의 동향을 알기 위해 경제 기사를 읽기 시작한 것인데, 확실히 큰 도움이 되었다. 새롭게 등장한 용어들도 많이 접할 수 있었다. 이때는 모르는 단어가 있으면 검색을 통해 바로바로 찾아봤다. 처음엔 시간이 많이 걸렸으나 결국에는 다 알아갈 것이라는 확신이 있었기에, 포기하지 않을 수 있었다.

나는 '경제 기초서'로 시작해 '투자 실용서', '경제 고전'의 순서로 읽었다. 경제 기초서와 투자 실용서, 경제 기사를 읽으며 '현재'를 토대로 '미래'를 내다보고자 했다. 나는 그럴 만한 실력이 되지 않으니 저자의 통찰을 빌리고자 한 것이다. 그다음에는 고전을 읽으며 '과거'를 통해 '미래'를 예측하고자 했다. 결국 돈을 번다는 것은 미래를 예측하며 최악의 리스크를 관리하는 것이고, 리스크는 과거의 사례를 통해 예측하고 대비할 수 있는 것이다. 정리하자면 이렇다.

1. 우선 경제의 원리와 이론을 소개하는 **'경제 기초서'**를 찾아 읽는다. 무슨 말인지 모르겠어도 일단 끝까지 읽으며 **이 분야와 친해지는 것**이 중요하다.
2. 어느 정도 개념이 잡히면, **'경제 기사'**를 찾아보면서 **개념과 이론을 확실히 숙지**한다. 경제 기사를 통해 최근의 경제 용어나 이론도 알 수 있다.
3. **'투자 실용서'**를 보면서 **현재를 통해 미래를 내다본다.** 현재 재테크의 방법이나 트렌드를 익히며 내가 직접 투자할 미래에 어

떤 곳이 성공 확률이 높을지 점치는 것이다.

4. '경제 고전'을 읽으며 과거를 통해 미래를 내다본다. **과거의 실패사례와 성공사례들을 데이터화하는 작업**으로, 최악의 리스크를 방지하는 법을 배우는 과정이다.

⤳ 경제와 돈의 흐름을 읽는 안목 ⤶

이런 식으로 수백 권의 책을 읽다보니 어느덧 어려운 경제 용어나 이론도 아주 수월하게 이해하고 있는 스스로를 발견하게 되었다. 거기에 더해 세계 경제의 흐름도 어느 정도 읽어낼 수 있었다.

일례로 『부자 아빠 가난한 아빠』로 유명한 로버트 기요사키의 『앞으로 10년, 돈의 배반이 시작된다』라는 경제 기초서를 읽은 적이 있다. 책에 따르면 화폐는 향후 10년 내로 쓸데없는 종잇조각이 될 거라고 했다. 미국은 2007년 금융위기 이후 3번의 양적완화를 했는데, 2012년 9월부터 2014년 10월까지 지속되었다. 금융위기 이후 경기회복이 되지 않자 화폐를 인위적으로 공급한 것이다. 양적완화란 중앙은행이 돈을 풀어서 경기를 부양시키는 정책을 뜻하는데, 자국의 통화가치를 하락시켜 수출경쟁력을 높이는 것이 주목적이다. 최근 몇 년간 엔화 환율이 떨어져 일본 여행을 가는 사람들이 많았는데, 일본 역시 엔화의 가치를 낮춰서 이익을 거두는 전략을 펼친 것이라고 할 수 있다.

이렇게 화폐가치가 떨어지면 무슨 일이 벌어질까? 빚이 없는 것보다 오히려 빚을 가진 국가, 기업, 개인이 더 유리해진다. 천만원의 빚이 있는 사람이 있다고 하자. 시중에 화폐량이 많아지면 모든 물가가 올라가게 된다. 임금도 올라가게 된다. 돈을 빌리던 당시와 현재, 천만원의 가치가 달라진 것이다. 화폐의 가치가 떨어지니 예전에 빌린 천만원이 상대적으로 적은 돈이 돼서 갚기가 쉬워진다. 금융위기 이후 곡물, 원자재 가격이 급격히 상승한 것 역시 수요와 공급의 문제가 아닌 인플레이션, 즉 화폐가치 하락이 주요 원인이다.

미국은 양적완화를 통해 전 세계에 어마어마한 달러 유동성(자산을 현금으로 전환할 수 있는 정도)을 만들어냈고, 2018년 현재는 금리를 올리는 방법으로 그 유동성을 회수하고 있다. 미국은 내년까지 기준금리를 약 3퍼센트 수준으로 올릴 예정이다. 미국의 금리를 결정하고 달러를 공급하는 연방준비제도(Fed)는 미국 정부기관이 아닌 사립은행이다. 트럼프가 금리 인상을 비판해도 마음대로 금리를 올릴 수 있는 이유다.

양적완화로 화폐가치를 떨어뜨려놓고 왜 다시 금리를 올리는 걸까? 미국은 기준금리를 올리는 이유로, 모든 물가와 자산가치가 급격히 올라가서 자칫 거품을 만들어낼 수 있기 때문이라고 한다. 하지만 솔직히 이것은 그럴싸한 대외명분에 불과하다. 현재 달러가 부족한 신흥국들이 줄줄이 금융위기로 치닫는 것을 보니, IMF가 1998년 우리나라에 했듯이 '고금리 달러장사'를 할 모양이다. 미국은 금리를 올리는 것만으로도 이렇게 또 다른 수입(?)이 생기는 기축통화(국가 간 금융거래의 기본이 되는 화폐)라는 대단한 지위를 가지고 있다.

지금 이 대목을 읽으며 머리가 지끈지끈 아파온 사람도 분명 있을 것이다. 양적완화니 기준금리니 이게 무슨 말이야 휘둥그레진 사람도 있을 것이다. 나 역시 처음 경제 공부를 시작할 때는 그랬다. '이건 무슨 귀신 씻나락 까먹는 소리인가' 싶어 당황한 적이 많았다. 하지만 수백 권의 경제서를 섭렵하고 경제 기사로 공부하며, 어느 정도 경제의 개념이 잡힌 뒤에 읽으니 그 내용이 일목요연하게 머릿속에 들어왔다.

그뿐만 아니라 그렇다면 내가 무엇을 해야 할지에 대해서도 고민할 수 있었다. 화폐가치가 점차 사라진다면, 역시 부동산 같은 실물에 투자하는 것이 답이라는 확신을 다시 한 번 가질 수 있었다. 누구나 가능한 일이다. 일단 어떻게든 계속 끝까지 읽어가는 연습부터 한다면, 언젠가는 이런 책들 앞에 주눅들기는커녕 스스로의 생각을 당당히 밝히는 경지에 올라 있을 것이라 장담한다.

돈을 공부하기 위한 몇 권의 책

기왕 머리가 아픈 김에, 좀더 머리를 써보도록 하자. 『앞으로 10년, 돈의 배반이 시작된다』와 더불어 추천하고픈 경제 기초서가 하나 더 있다. 『금리의 역습』이라는 책이다. 이 책을 읽고 금리가 점점 낮아지는 이유와 금리가 낮아졌을 때 부동산 가격이 상승할 수밖에 없는 원리를 깨우치게 되었다. 간단하게 설명하자면 이렇다.

금리가 적용되는 것은 대표적으로 예금이자와 대출이자다. 예금이자는 돈을 은행에 빌려주고 받는 대가이고 대출이자는 돈을 빌려쓰는 비용이다. 이것을 부동산과 비교해서 이야기해보고자 한다. 같은 돈을 가지고 부동산을 사서 월세를 받을 것인가, 아니면 은행에 예금해서 이자를 받을 것인가? 예를 들어 연간 480만원의 투자 이익을 얻고자 하는 사람이 있다고 치자. 예금금리는 2.5퍼센트고 월세가 40만원으로 고정되어 있다면, 그가 부동산에 지불할 수 있는 돈은 최대 1억 9200만원이다. 만약 부동산이 그보다 비싸다면 차라리 같은 금액의 돈을 은행에 저축해 예금이자를 받는 것이 낫기 때문이다. 그런데 만약 금리가 계속 내려가서 1.25퍼센트가 되었다면 어떨까? 이 사람이 은행에 저축해 연간 480만원을 얻기 위해서는 3억 8400만원을 저축해야 한다. 그러니 연간 같은 임대료를 받을 수 있는 부동산의 시세는 약 3억 8400만원이 된다. 금리가 바뀌었을 뿐인데 같은 월세를 받기

금리	월세	연세		부동산 가격
10%	40만원	480만원	연세의 10배	4800만원
5%	40만원	480만원	연세의 20배	9600만원
2.5%	40만원	480만원	연세의 40배	1억 9200만원
1.25%	40만원	480만원	연세의 80배	3억 8400만원
0.63%	40만원	480만원	연세의 160배	7억 6800만원
0.31%	40만원	480만원	연세의 320배	15억 3600만원

위해 두 배의 돈이 필요하게 된 것이다.

대출이자로 생각해도 마찬가지다. 부동산 가격만큼 대출을 받고 월세로 이자를 낸다고 생각하고 계산해도 같은 결과가 나온다. 이것이 금리에 따라 화폐가치가 하락하는 원리이고, 경제성장률이 낮아져서 금리가 하락해도 부동산 가격은 사상 최고치를 나날이 경신하는 이유다. 너무 비싸서 누가 살 수 있을까 싶은 100억짜리 빌딩이 아주 쉽게 200억이 되는 이유다. 점점 떨어지는 예금이자를 받을지 고정수입 월세를 확보할지는 개인의 선택이다. 하지만 금리를 공부한다면 큰돈을 은행에만 장기간 저축하는 우는 결코 범하지 못할 것이다. 저축하지 않고 월세를 내며 수입을 다 쓰고 사는 삶도 선택하지 못할 것이다.

우리나라도 최근 몇 년 금리가 하락하는 속도가 제법 빨랐다. 금리가 낮아지면 낮아질수록 월세를 사는 사람이 돈을 모아 집을 살 확률은 희박하다. 내가 미친듯이 돈을 모을 수밖에 없는 이유였다. 금리 인하는 장기적인 추세이니 시간이 흐를수록 내 집 마련이 어려워질 수밖에 없었다. 정신이 번쩍 들었다.

단, 내가 이 책을 읽었을 때는 금리 인하가 장기 추세였지만 2018년 현재 단기 추세로 봤을 때 금리는 상승한다. 앞서 말했듯 미국이 금리를 급속도로 올리고 있기 때문이다. 현재 미국 경기는 아주 호황이기에, 자신 있게 금리를 올리는 것이다. 대출이자가 가파르게 상승한다고 해도 개인, 가계, 정부가 무너지지 않는다고 판단한 것이다. 그런데 우리나라는 계속 저금리 상태다. 이렇게 되면 미국 달러를 들고 전 세계에 투자하는 외국인들이 수익률이 낮은 한국에 투자하는 것을 꺼리게 된다. 즉 우리나라도 외국 자본이 급격히 빠져나가는 상황이 오면, 어쩔 수 없이 금리 인상을 해야 할 것이다. 우리는 그에 따른 대비책을 마련해야 한다. 무리한 대출은 자제하고, 고정금리로 이자를 상환하는 거치식을 이용하며, 만일의 사태를 대비해 어느 정도의 현금 보유는 필수다. 너무 겁먹을 필요는 없지만, 현재 미국과 중국이 무역전쟁 중이므로 추이를 지켜봐야만 한다.

대출을 받는 사람이든, 저축을 하는 사람이든 '금리'는 중요한 요소다. 그래서 금리가 경제에 어떤 영향을 미치는지 반드시 알아둘 필요가 있다고 생각한다. 돈을 공부하는 사람들에게 꼭 추천하고픈 책인 이유다.

로버트 기요사키의 『부자 아빠의 세컨드 찬스』 역시 일독을 권하고

폰 책이다. 그는 미국에만 집을 천 채 넘게 가지고 있고, 서브프라임 모기지라는 금융위기에도 임대사업을 했다. 책에 따르면 "부동산은 주변에 일자리가 있을 때만 진정한 가치를 갖는다"고 한다. 그래서 주요 석유산업 도시나 병원, 대학, 보험사 등이 인근에 위치한 곳의 부동산에만 투자했다는 것이다. 이 책을 읽었을 때는 우리나라도 다주택자의 대출을 장려하던 시절이라, 흉내를 내어 월세 투자에 도전하기도 했다. 주변에 기업이 탄탄한 곳에 투자하면 월세가 들어오지 않을까봐 염려하지 않아도 돼서 좋았다. 기업의 동향까지 부지런히 분석하여 나는 주로 법인에서 월세를 받게 되었다. 법인은 월세가 밀리지 않아 좋았고, 사원 기숙사로 쓰는 경우 옷가지 외에는 짐이 별로 없었기에 매매를 할 때 비밀번호를 쉽게 알려주었다. 집을 팔 때도 다른 투자자가 일반 세입자보다 더욱 선호하였다. 나처럼 부동산 투자에 관심이 많은 사람이라면 분명 도움을 받을 수 있는 책이다.

투자 실용서로는 『나는 돈이 없어도 경매를 한다』라는 책이 기억에 남는다. 내가 셋째를 낳은 지 백일도 안 되었을 때 출간된 책으로, 나처럼 아이 셋을 키우는 여성이 경매를 시작한 지 3년 만에 21채의 부동산을 마련한 스토리다. 복잡하고 어려운 경매가 아니라 권리분석이 아주 쉽고 문제 없는 물건들을 위주로 낙찰을 받았다는 그녀의 이야기에 나도 경매를 할 수 있겠다는 자신감을 얻었다.

수요와 공급을 파악하는 노하우도 배울 만했다. 책에 따르면 어느 지역이건 기업이 새로 들어오면 새로운 일자리가 생기고, 그러면 사람이 들어와서 살아야 하기 때문에 집에 대한 수요가 늘어난다고 한다. 이 책을 읽은 후부터 전국 각지에 있는 기업이 얼마나 잘되고 있는지, 신규채용은 얼마나 하는지 검색을 하게 되었다. 일자리가 있는 곳에만 투자한다는 원칙이 로버트 기요사키랑 같았다. 다만 책이 나온 시점과는 달라진 환경도 많아, 필요한 정보만 취하고자 했다. 특히 지금은 강력한 대출규제로 인해 많은 대출을 이용한 투자는 거의 불가능하다. 요즘처럼 부동산 정책과 대출, 세법이 급변하는 시대에는 끊임없이 흐름을 공부하는 것이 중요하다. 그래도 이 책은 경매분야 스테디셀러고 초보자가 읽기에도 너무 좋다. 경매의 본질을 알기 위해서라도 읽어볼 만하다.

마지막으로 '경제 고전'은 사마천의 『사기』에서 「화식열전」 부분을 해설한 『사마천의 화식열전』이라는 책을 추천한다. 이 책은 앞서 '1책 1문장'에서 언급했기에, 자세한 설명은 생략하지만 시대를 막론하고 통하는 부의 법칙이 있다는 것을 절감하게 만든 책이다. 과거를 통해 현재를 분석하고 미래를 준비하고자 하는 사람들의 필독서라 하겠다.

아는 것은
무조건 써먹어야 한다

↳ **'간접 경험'으로 투자감각 키우기**

나는 경제나 돈에 유독 관심이 많았기에 부자 되는 법에 대한 책을 좋아했는데, 그러다보니 나와 별 상관없는 사업이나 마케팅에 관한 책까지 접하게 되었다. '언젠가 나도 사업을 하게 되지 않을까?', '와, 마케팅으로 이렇게 교묘하게 돈을 버는구나' 하며 신세계를 접할 수 있었다. 내가 사업을 할 일은 없겠지만, 사업을 한다면 이런이런 노하우들을 접목해야겠다며 상상의 나래를 펼치곤 했다. 돈 되는 독서에서 이것은 매우 중요한 포인트다. 책을 읽는 데서 그치지 않고, 그것을 어떻게 써먹을지 계속 상상하는 것 말이다.

⋟내가 돈을 공부하는 신조⋞

2014년 8월 신문을 읽다가 제주도에 유독 외국인 부동산 투자가 집중되고 있다는 기사를 접했다. '부동산 투자 이민제도'가 제주도, 강원도 알펜시아, 전남 여수, 인천, 부산 해운대 등에 적용되는데, 제주도에만 투자가 몰린다는 것이었다. 2010년 제주도에서 '부동산 투자 이민제도'가 시행된 이후, 2012년에 비해 2013년 투자 건수로는 98퍼센트, 금액으로는 91퍼센트가량 급증했다고 했다.

이런 기사를 읽고 나면 설사 경제에 별 지식이 없는 사람이라도 '제주도 땅값은 계속 오를 수밖에 없구나'라는 예상을 하게 되고, '나도 제주도에 땅을 갖고 싶다'는 생각을 하게 된다. 나 역시 그랬다. 하지만 거기서 그치지 않았다. 관련 정보를 계속 찾아보며 머릿속으로 끊임없이 투자 계획을 세운 것이다. 제주도보다는 다른 곳의 투자 가능성이 주목됐다. 강원도 알펜시아는 평창 때문에 이미 한 차례 올랐으니, 전라남도 여수가 낫지 않을까 예측했다. 2012년 이미 KTX가 개통되어 교통사정도 개선되었고, 그해에 〈여수 밤바다〉라는 노래가 유행처럼 번져서 여수에 대한 로망도 있었다.

실제로 2017년 1월 미래에셋 박현주 회장이 여수 경도 리조트에 1조원을 투자한다고 밝혔다. 해외자본 유입을 기다리는 빅 픽처를 그리고 있다는 생각이 들었다. 내가 과거 어렴풋이 추측했던 여수의 성장 가능성이 실제로 입증된 셈이다. 여수 경도는 2011년도부터 '부동산 투자 이민제' 적용대상에 포함되어 있어, 미화 5만 달러 또는 한화 5억 원 이상 투자하는 외국인 투자자에게 영주권을 부여한다. 콘도미니엄, 펜션, 별장 등 휴양 목적 시설에 투자하는 경우니, 싼값에 대규모 땅을 구입하여 건물을 짓는 개발업체에는 큰 이익이 아닐 수 없다.

그리고 제주도는 최근 몇 년간 가파르게 땅값이 오르고 난개발로 인해 건축 허가도 어려워졌다. 게다가 토지거래 허가구역으로 지정되어 경매가 아니면 구입하기가 쉽지 않은데, 경매에 알짜배기 땅이 나올 리 만무하고, 경험상 낙찰받기가 매우 어렵다. 미래에는 여수가 외국인들에게 관광지로 알려진다면 충분히 시세차익을 볼 수 있다고 생각한다. 사실 제주도 토지의 경우 중국인 때문에 값이 올랐다고 해도 과언이 아니다. 현재 미국이 무역전쟁 중으로 중국의 해외투자 규제가 강화되었다. 중국 내에서도 2016년부터 규제가 심해져 투자가 침체인 상황에 무역전쟁까지 벌어지니 미국, 호주 등의 부동산을 팔고 있는 중이다. 당분간은 자본 유출을 막을 것이므로, 예전처럼 차이나머니가 해외 부동산으로 급속하게 유입되기는 힘들 것이다.

이렇게 돌아가는 상황을 큰 어려움 없이 '파악'할 수 있게 된 건, 계속 '예측'하는 연습을 했던 덕분이다. 내가 당장 투자할 만한 상황이 아니라 하더라도 계속 중요한 뉴스를 노트에 기록하고 생각을 정리해나갔다. 그리고 내 생각대로 이루어지는 경험이 반복되다보니 어느 순간 '직감'은 '확신'이 됐다. 그래서 돈에 관련된 공부를 끊임없이 하는 데 지침이 없고 재미있었다.

'모든 것은 연결되어 있다.'

이것이 내가 돈을 공부하는 신조다. 뭐 하나도 놓칠 것이 없었다. 처음에는 '점'이지만 시간이 지나갈수록 모두 연결되는 것이 신기했다.

⟩ 백문불여일견? 백문불여일행! ⟨

책이나 기사를 통해 새로운 정보를 알게 되면, 일단 무조건 써먹었다. 물론 그때그때 바로 직접 투자에 나섰다는 이야기는 아니다. 실제 투자에 나섰던 적도 있지만, 그보다는 늘 머릿속으로 '모의투자'를 진행했다. 확신 없이 섣불리 나섰다가는 뼈아픈 실패만 겪을 수밖에 없기 때문이다. 사실 내가 직접 경험할 뻔했던 일이다.

책으로 경제 공부를 시작한 초기, 펀드 투자로 망한 경험이 있으니 주식에 관련된 책을 많이 보았다. 그중 기억에 남는 것이 고승덕 변호사가 쓴 선물옵션에 관한 책이었다. 나는 당시 어설픈 지식으로 당분간 지수가 하락할 것을 예상했고, 풋옵션(옵션거래에서 특정 기초자산을 미래의 특정 시기에 미리 정한 가격으로 팔 수 있는 권리를 매매하는 계약)의 포지션을 취하면 지수가 내려갈 때 아주 큰돈을 벌 거라 생각했다.

'백문불어일견'을 넘어 '백문불여일행', 즉 백번 듣는 것이 한 번 실행하는 것만 못하다는 마인드를 갖고 있던 나는 아이를 업고 바로 증권회사에 갔다. 증권 계좌를 개설하고 용기 있게 "풋옵션을 사려면 어떻게 해야 해요?"라고 물었더니 '증거금'이라는 것이 필요하다고 했다. 풋옵션의 가격은 몇 백원인데 천만원이 넘는 돈을 예치해야 한다니 이해가 되지 않았다. 곧 부지점장님이 나를 부르시더니 이건 아주 위험한 거라고, 하면 큰일난다고 잘 달랬다. 그분의 조언이 없었다면 큰 손해를 봤을 것이 분명하다.

이 일이 있은 후에도 '백문불여일행' 마인드를 버리진 않았다. 대신 직접 실행에 옮기기보다는 간접 실행으로 작전을 바꿨다. 2011년 미군 대상 월세가 수익률이 매우 높다는 것을 알게 되었다. 그후 평택에 미군이 들어온다는 소식을 접하고, 바로 찾아갔다. 미군부대가 들어올 위치는 팽성읍 함정리였다. 미군에게 월세를 줄 경우에는 가구나 가전을 넣어주어야 하는 대신 상당히 높은 수익률을 낼 수 있었다. 미군 숙소는 부대와 5분 내에 있어야 한다는 규정이 있고, 여의도의 2배 사이즈로 만든다고 했다. 가급적 넓은 평수의 아파트나 단독주택을 선호한다는 사실도 알게 되었다.

돈이 될 것 같았지만 내가 할 만한 것은 아니었다. 초등학교, 중학교도 있었는데 학군이 좋지 않아 초등학교 고학년이 되면 모두 그곳을 떠난다고 했다. 인구가 유입되지 않고 떠나는 곳이라 하니 수요 - 공급

차원에서 투자가치가 없다고 판단했다. 이후 평택은 너무 많은 택지 개발과 신도시 입주물량으로 인해 전세가격이 하염없이 떨어지고, 수요보다 공급이 많으니 당연히 매매가격도 하락했다.

투자를 공부하면서 매번 실전에 나설 수는 없었지만 이런 식으로 간접 경험을 하며 감각을 키워나갔다. 나는 이것을 '모의투자'라고 부르는데, 노트에 모두 기록해놓고 시간이 흐른 후 복기하는 것을 반복했다. 비록 머릿속으로만 이루어진 투자지만, 아는 것을 계속 써먹고 그 결과를 확인하는 과정을 통해 점차 내공이 깊어지는 것을 느꼈다.

꿈꾸는 엄마는
결코 지치지 않는다

↳ **꿈을 현실로 만드는 '비전보드'**

내 북테크가 늘 순조롭게, 일사천리로 진행됐던 것은 당연히 아니다. 아이들을 돌보며 바쁘게 살다보면 현실에 치여 내 꿈이 무엇인지 잊기 일쑤였다. 부자엄마가 아니라 그냥 평범한 엄마도 되기 힘들다는 생각에 감정이 바닥을 치기도 했다. 돈이 있어야 아이를 잘 키울 수 있을 것 같은데, 쉽지 않았다. 게다가 너무 '돈, 돈, 돈' 하는 건가 싶은 마음이 들기도 했다. 어느 날은 돈이 중요하다는 어떤 아주머니께 "돈이 행복의 전부는 아니잖아요"라고 말대꾸를 해본 적이 있는데 그분이 이렇게 말씀하셨다.

"그래. 돈이 전부는 아니지. 그런데 살다보면 말이야. 돈이 있으면 세 번 싸울 거 한 번밖에 안 싸워."

결혼생활을 지속할수록 그 말이 무슨 뜻인지 알 것 같았다. 돈이 행복의 전부는 분명 아니지만, 행복의 일부임 또한 분명한 것이다. 하지만 '돈, 돈, 돈'만 외쳐서는, 그러면서 내 현실을 탓하고 비관하기만 해서는 결코 행복해질 수 없었다.

⸓ 남편은 비웃었지만, 책은 믿어주었다 ⸓

독서의 슬럼프가 찾아왔던 그 무렵, 『보물지도』라는 책을 만났다. 책은 이렇게 말하고 있었다.

"우리 뇌는 신기하게도 어떤 이미지를 선명하게 반복적으로 떠올리면 비록 기회를 알아보지 못하고 지나쳤더라도 무의식중에 '기회'를 다시 끌어당깁니다. 그래서 결국 자신과는 무관하다며 지나쳤던 것들이 실은 소망 성취로 가는 중요한 단계였음을 깨닫게 됩니다. 이것이 바로 보물지도의 '마법'입니다."

『이지성의 꿈꾸는 다락방』이란 책도 읽었다. 저자는 "말이 안 되는 일을 이루려면 말이 안 되는 방법이 필요하다"고 강조했다. 책에 따르면 빌 게이츠는 자신의 성공비결로 십수 년 동안 오직 한 가지 답만 했다고 한다. "나는 십대 시절부터 세계의 모든 가정에 컴퓨터가 한 대씩 설치되는 것을 상상했고, 또 반드시 그렇게 만들고야 말겠다고 외쳤다. 그게 시작이다"라고 말이다.

두 권의 책을 읽으며 가슴이 뛰었다. 특히 엄청난 천재인 빌 게이츠가 자신의 성공비결로 '생생하게 상상한 것'을 꼽았다는 사실이 인상적이었다. 나도 한번 해보기로 했다. 책을 통해 알게 된 것은 무조건 써먹는다는 법칙은 단지 재테크에만 적용되지 않는다. 삶의 모든 영역에 통하는 법칙이다. 그래서 나는 '부자엄마'가 된 내 모습을 생생하게 꿈꿔보기로 했다. 투자로 돈을 많이 벌고 재테크 강사가 되고 작가가 된 내 모습을 마치 실제로 이뤄진 듯이 구체적으로 그렸다. 현실은 아이들 뒤치다꺼리에 허덕이는 평범한 주부에 불과했지만 말이다.

남편도 내 꿈을 비웃었지만, 책은 나를 믿어주었다. 할 수 있다고 응원을 보내주었다. 『시크릿』이란 책도 그랬다. 다소 허황된 이야기도 있긴 하지만, "좋은 일이 일어나려면 우선 좋은 생각을 해야 한다"는 메시지만은 마음에 와닿았다. 육아에 지쳐 현실이 우울하고 경제적으로 어려운데, 좋은 생각, 긍정적인 생각을 하기는 쉽지 않았다. 하지만 어떻게든 밝고 희망찬 생각만 하려고 노력했다. 현실이 어떻든 룰루랄라 기분 좋게 살 수 있는 계기였다. 그때 알았다. 꿈꾸는 엄마는 결코 좌절하거나 지치지 않는다는 사실을.

⇒ 꿈을 시각화하라 ⇐

세 권의 책을 읽으며, 내 꿈을 보다 생생하게 그릴 수 있도록 눈에 보이는 보물지도를 만들어야겠다는 생각이 들었다. '보물지도'라는 이름도 너무 예쁘고 생각만 해도 가슴이 뛰었다. 인터넷에서 세상 온갖 좋은 것들의 사진을 전부 구해다가 보물지도를 만들었다. 덕분에 현실이 구질구질해도 기쁜 마음으로 버틸 수 있었다. 현실에서는 아이들이 자주 싸워서 힘들었지만, 보물지도에는 사이좋을 때 아이들끼리 다정하게 안고 찍은 사진을 넣었다. 이것이 비전보드의 시작이었다.

비전보드란 사실 거창한 것이 아니다. 내가 꿈꾸는 것, 바라는 것을 모조리 모아놓으면 그만이다. 나의 비전보드는 다음과 같이 만들었다.

가장 먼저 시선이 가는 왼쪽에는 내가 갖고 싶었던 돈 사진을 넣었다. 빳빳한 신권은 보기만 해도 부자가 된 느낌이었다. 현금은 너무 많이 보유하기 힘드니, 부자들이 가지고 있는 금괴 사진도 넣어보았다. 번쩍번쩍한 금덩어리도 역시 갖고 싶었다. 결혼 이후 자주 이사를 다녀야 했기에, 정말 넓고 좋은 집에 살고 싶다는 꿈을 꾸었다. 그래서 비전보드의 절반 이상을 전망이 좋고 넓은 집 사진으로 꾸몄다.

부자가 되면 좋은 차를 타고, 비행기로 여행을 다니고 싶어서 비행기와 차의 사진을 넣었다. '레몬테라스' 카페에 혼수선물 받았다고 자주 올라오는 샤넬백도 한번 메보고 싶었다. 많은 사람들이 있는 사진

은, 사랑받고 인정받는 멋진 사람이 되고 싶다는 의미에서 한 장 넣어
보았다. 끝으로는 가족의 평화와 사랑을 위해 가족사진을 넣었다. 돈
으로 출발했지만 결국 종착지에는 '가족의 행복'을 갖고 싶었다. 그래
서 맨 마지막 사진이 가족사진이다.

이 비전보드는 둘째를 낳고 나서 육아로 가장 지치고 힘들 때인
2011년도에 만든 것이다. 2010년 집을 사긴 했지만, 엄밀히 '내 집'이
라고 할 수 없었기에 마음이 다소 조급해지고 각박해졌던 때이기도
하다. 하지만 비전보드를 보면 잔뜩 날 서 있던 마음에도 여유가 찾아
오곤 했다.

:: 나의 첫번째 비전보드

무려 8년 동안 벽에 붙여놓고 매일같이 보고 있으니 거의 외우다시 피 할 정도다. 현금 사진을 매일 봐서 그런지 이제는 실제 현금을 보게 되도 그렇게 낯설거나 떨리지 않는다. 금괴 사진을 매일 보니 실제 금 괴를 만져도 크게 기쁘지 않았다. 어떻게 보면 비전보드는 '내가 가질 자격이 있음'을 매일 깨닫게 해주는 것 같다. 상상만 하면 마치 저 멀 리 꿈에나 있을 듯한 것들인데, 눈으로 매일 내 것처럼 바라보고 사니 정말 내 앞에 떡하니 다가와도 놀랍지 않았다.

7년 전 실제 내가 거주했던 집은 물이 자주 새고 곰팡이가 잘 생기 는, 재개발을 앞둔 낡은 빌라였다. 그런 환경에서도 늘 좋은 집 사진을 바라보면서 사니 기분이 좋았다. '열심히 아끼고 모으면 나도 언젠가 는 저런 집에서 살 수 있어'라는 희망이 있었다. 지금 나의 환경에 좌 절하기보다 미래에 내가 거주할 곳이 어떤 집인가를 늘 꿈꾸었다. 돈 이 없어서 당장 살 수는 없어도 모델하우스에 가서 50평, 60평짜리 아파트를 둘러보았다. 인테리어 카페에 자주 들어가서 집을 사게 되 면 어떻게 예쁘게 꾸밀지에 대해서도 늘 상상했다. 비전보드를 보면 볼수록 이것들이 불가능한 일이 아니라 현실처럼 아주 생생히 느껴 졌다.

"결국에는 다 잘될 거야"라는 주문 혹은 믿음

어느덧 비전보드에 있는 물질들은 내가 돈이 없고 가난할 때 꿈꾸었던 것이 아니라, 내가 원하면 언제든지 구입할 수 있는 것이 되었다. 없어서 사지 못할 때는 그렇게 씁쓸한 마음으로 바라봐야 했던 것들 (가령 샤넬백 같은)을, 이제는 쿨하게 갖고 싶지 않다고 이야기할 수 있게 되었다. 특히 부자가 되면 갖고 싶었던 외제차는, 내가 아직도 면허가 없는 상태라서 딱히 필요 없는 품목이 되었다. 두 아이를 키우며 행복하게 사는 엄마가 되고 싶었는데 어느덧 세 아이의 엄마가 되었다. '꿈'을 '현실'로 바꾸는 비전보드의 힘이다. 그리고 이 비전보드는 누구나 만들 수 있다.

첫째, 갖고 싶은 것, 이루고 싶은 것, 바라는 것과 관련된 이미지를 모두 구하라. 사진도 좋고, 자신이 닮고 싶은 롤모델의 인터뷰 기사도 좋다.
둘째, 자신이 눈길이 닿는 곳, 가장 눈에 잘 띄는 곳에 사진을 모두 붙인다.
셋째, 틈날 때마다 그 사진들을 보면서, 자신의 목표를 상기하고, 이를 이루기 위한 실천을 게을리하지 않는다.

나는 힘들고 암울한 시기를 밝고 긍정적이고 기운이 뿜어나오는 비전보드와 함께했다. "결국에는 다 잘될 거야"라는 말을 주문처럼 외웠다. 그리고 진짜 결국에는 다 잘됐다. 여기에 더해 모든 것에 감사하는 '감사일기'를 늘 썼더니 정말 감사할 일이 넘치는 삶을 살게 되었다. 지금은 어떠한 일이 생겨도 무조건 감사하다.

이는 비전보드의 힘이기도 하지만, 더불어 책을 통해 얻은 '지식'과 '정보'를 '이익'으로 바꾼 결과이기도 하다. 돈 되는 독서는 단순히 책으로 돈을 버는 것을 뜻하는 게 아니다. 책을 통해 얻은 깨달음을 삶의 지혜로 적용하는 것, 삶을 더욱 밝고 긍정적으로 만드는 것이 어찌 보면 돈보다 더 큰 이익이 아닐까. 책은 내게 돈을 벌 수 있는 지식과 정보도 주었지만, 인생을 더욱 풍요롭게 살 수 있는 지혜도 주었다.

리스크도, 스트레스도 없는 유일한 투자법

↳ 독서가 습관이듯, 절약도 습관이다

2012년 어느 가을날, 예정일이 지나도 생리를 하지 않기에 혹시나 하는 묘한 느낌이 들었다. 그리고 직감은 틀리지 않았다. 셋째를 임신한 것이었다. 더 이상 욕심내지 않고 아들 둘만 잘 키우려고 했던 가족 계획은 송두리째 수정되었다.

'내가 딸이 없어서 딸을 주시려고 하나보다.'

특별히 딸을 바란 건 아니었는데, 막상 임신을 하니 은근히 딸이었으면 하는 마음이 들었다. (하지만 아시다시피 아들이었다. 그렇게 아들 셋 엄마가 되었다.) 결혼하고 줄곧 임신, 출산, 모유수유를 쉴 새 없이 반복했고, 둘째의 경우는 어린이집도 보내지 않고 키울 때라 가끔은 임신을 후회하기도 했다. 하지만 그건 정말 가끔이었고, 의도치 않게 주어진 셋째라는 선물에 감사하고 기쁜 마음으로 하루하루를 보냈다.

2010년 처음 내 집을 마련한 후, 계속 공부하며 부동산 투자에 박차를 가했다. 2012년까지 충남 아산, 경북 칠곡 등의 아파트도 매입했다. 하지만 셋째가 배 속에서 자라고 있다는 사실을 알고부터 투자는 잠시 쉬기로 했다. 아들 둘을 키우는 와중에 임신을 했는데 부동산까지 신경쓰면서 태아에게 스트레스를 주고 싶지 않았다. 그래서 경제 기사도 보지 않았다. 돈에 관련된 기사를 보면 생각이 많아지고, 무언가를 분석하고 더 공부하고 또 움직이고 싶어졌기 때문이다. 그렇게 내 삶에 '의도적 멈춤'이 시작되었다.

부동산을 공부했듯, 절약도 공부해보기로 했다

2008년 금융위기를 겪은 이후 하루도 안 빼고 '돈, 돈, 돈' 하며 살았던 나였다. 대전의 전세가격이 폭등했던 2010년 처음으로 아파트를 구입했다. 그 아파트가 1년 만에 2천만원이 오르는 것을 보고 매년 투자용 집을 구입하기 시작했다. 종잣돈이 1, 2천만원이면 가능한 지방의 소형 아파트 위주로 말이다. 어떻게 하면 돈을 더 벌지를 늘 고민했다. 셋째를 임신하고 잠시 투자에 대한 고민을 멈추기로 했지만, 세 아이의 엄마가 될 생각을 하니 경제 문제에 대해 아예 생각하지 않을 수는 없었다.

'태아에게 스트레스 주지 않고 현상황에서 할 수 있는 일이 무엇일까?'

'아, 돈을 더 버는 일보다는 아껴서 저축을 더 하는 방법을 택하면 되겠다.'

투자는 늘 리스크를 감당해야 한다. 리스크를 파악하기 위해 공부해야 하고, 아무리 많이 알고 확신이 들어도 어느 정도의 공포와 불안을 감당해야 한다. 100퍼센트 긍정과 확신만 가지면, 오히려 장밋빛 미래만 보이는 색안경을 쓴 채 리스크를 보지 못해 위험해질 수 있다.

그러나 절약은 다르다. 절약에 무슨 리스크가 있고 공포가 있는가? 투자는 이익을 볼 수도 있고 손해를 볼 수도 있지만 절약은 손해를 볼 일이 없다. 임산부 입장에서 더 마음 편히 할 수 있는 것이다. 투자시장을 부정적으로 바라보는 사람들도 절약은 불안요소가 없으니 열심히 할 수 있다. 답은 절약이었다. 사실 절약이야 결혼 초부터 늘상 해온 것이니 딱히 새로 시작할 것도 없었지만, 경제를 공부해서 부동산에 투자했듯 절약도 공부해서 제대로 한번 해보기로 했다.

절약을 '습관화'하는 몇 가지 방법

절약 관련 책은 이미 기존에 많이 읽었기에, 절약의 고수들이 있는 그룹에 들어가기로 결심했다. 바로 다음 카페 '짠돌이'였다. 가입은 신혼 때 했지만 딱히 활동을 하지는 않았다. 오랜만에 들어가보니 '한 달에 10만원 살기'라는 게시판이 가장 활성화되어 있었고, 그곳에서는 오늘 돈을 전혀 쓰지 않았다는 '무지출'이 가장 큰 자랑이었다. 월말이면 한 달 가계부를 마감하고 무지출을 몇 회나 달성했는지를 공유하며, 서로 축하하고 격려하는 분위기였다.

매일매일 들어가서 글을 읽고 댓글을 달며 동기부여를 받았다. 나도 열심히 절약한 것을 인정받고 싶어서 매일같이 글을 올렸다. 알뜰하게 차린 밥상부터 고물상에 판 고물가격, 분리수거할 때 주워온 책이나 장난감도 그곳에서는 모두 자랑거리였다. 카카오스토리나 페이스북 같은 곳에서는 부끄러워서 감히 이야기할 수 없는 것들이 거기서는 칭찬과 격려의 대상이었다. 이렇게 카페 활동을 하고 절약 관련 도서를 읽으면서 얻은 노하우를 몇 가지 나누어볼까 한다. 뒤에서 자세히 이야기하겠지만 나는 나중에 '짠돌이 카페'에서 '슈퍼짠'으로 선발되고, 이를 계기로 방송에도 여러 번 출연했다. 나름 절약에는 일가견이 있는 셈이다.

첫째, 도매시장 대량상품을 이용하라.

과일도 박스로 사면 아주 싸다. 대형할인마트의 절반 값도 안 된다고 보면 된다. 물론 양이 너무 많아 처치 곤란일 수 있다. 하지만 잘 상하지 않는 상품이라면 두고두고 먹으면 또 금방이다. 고구마나 감자도 보관을 잘하면 한 달 이상 먹을 수 있다.

둘째, 대형마트는 마감세일 시간을 공략하라.

마트는 대부분 둘째 주, 넷째 주 일요일에 문을 닫는다. 수요와 공급의 법칙에 따라 토요일 저녁에는 유통기한이 임박한 상품이 평소보다 2배 이상 나온다. 그럼 쇼핑을 하러 오는 사람도 2배 이상 많을까? 아니다. 오히려 연휴라도 끼면 이때 여행을 가거나 집을 떠나는 경우가 많아 생각 외로 붐비지 않는다. 즉 별다른 경쟁 없이 싸게 물건을 구매할 수 있는 절호의 기회인 것이다. 이때 마트를 가면 할인 바코드가 붙은 상품들을 많이 볼 수 있다.

셋째, 중고와 고물상을 사랑하라.

나는 책이든 옷이든 새것은 가급적 사지 않았고, 특히 백화점을 가는 것은 있을 수 없는 일이었다. 대전역 근처 중앙시장에 가면 아직도 오래된 헌책방이 있다. 나는 여기서 빛바랜 어린이 전집을 저렴하게 구매할 수 있었다. 책이 빛바랬다고 그 안에 담긴 지식과 지혜도 빛바랜 것은 아니었다.

시장에는 짝이 안 맞는 옷들을 리어카에 쌓아놓고 파는 분도 계시는데 하나에 무조건 2천원이다. 아이들에게 입힐 새 옷은 대부분 여기서 구매했고, 중고 옷은 '아이베이비'라는 사이트에서 가끔 박스로 사기도 했다. 대전 엄마들의 카페 '도담도담'에서 무료드림도 많이 받았다. 누가 입던 옷이지만, 아이들은 전혀 개의치 않았다. 평소 절약하는 엄마를 옆에서 보고 자랐기 때문인 것 같아 고마울 따름이다. 어쩌면 새 옷이 아니기에 더럽히고 찢어져도 혼을 내지 않아 그랬을 수도 있지만 말이다.

다른 사람들에게 필요 없지만 내겐 필요한 상품을 중고로 싸게 구입했듯, 내가 더이상 쓰지 않는 물건은 중고로 내놓거나 고물상에 팔았다. 탄방역 인근 괴정동 숭어리샘 재개발 구역 안쪽으로 들어가면 고물상 두 군데가 나란히 붙어 있다. 살던 곳과도 가까워서 나는 집에서 나오는 모든 고물을 그곳에 팔았다.

넷째, 사지 말고 고쳐보라.

빨래 건조대가 부러지면 끈으로 감아서 썼고, 이불이 찢어지면 꿰매서 덮었다. 이런 것들은 모두 방송에 여러 번 나갔는데, 거의 부서지기 일보 직전인 빨래 건조대를 그대로 쓰는 걸 보고 제작진이 상당히 신기해 했다. 왜 새로 사지 않느냐는 피디님 말에 카메라를 보며 한마디를 날렸다. "빨래는 잘 마르잖아요." 그 말을 들은 피디님은 할말을 잃은 듯했다.

그리고 가장 중요한 절약 노하우는 '가격은 수요와 공급이 결정한다'는 사실을 잊지 않는 것이다. 이는 내가 경제를 공부하며 뼈저리게 느낀 것으로, 모든 재화에 다 적용된다. 그래서 나는 제철식품을 애용하게 되었다. 풍년이 들어서 가격이 폭락한 것을 위주로 사 먹은 것이다. 가공식품은 보관을 하면 되므로 가격이 폭락하는 일이 없다. 생산량을 얼마든지 조절할 수 있기 때문이다. 하지만 자연에서 나는 것은 그렇지 않다. 이것의 핵심을 알고 소비에 적용하면 좋다.

2018년 올해 김장철에는 고춧가루가 아주 비쌀 것이다. 왜냐면 8월에 열려야 할 고추가 폭염으로 인해 7월까지만 꽃이 피었기 때문이다. 도매상들은 올해 8월에 고추를 매입했는데 평년의 두세 배 가격으로 가져갔다. 어떤 마을에서는 고추축제를 하는데 고추가 부족해서 팔지 못했다고 하니 얼마나 심각한 상황인지 모른다. 겨울철에 고춧가루를 사야 할 사람은 미리 구입해 보관하기를 추천한다. 아마 조만간 김장물가가 올라서 서민들이 고통받는다는 기사가 나올 것이고, 정부는 중국산 고춧가루를 수입할 것이다. 그래도 국산 고춧가루는 생산량이 정해져 있어서 아주 비싼 가격으로 거래될 것이다. 그럼 중국산을 국산으로 속이는 사람도 생겨날 테니 이것을 구분할 수 있는 지혜도 필요할 것이다.

이렇듯 절약을 공부하면서 돈에 대한 깨달음이 많아질수록, 나에게 돈은 더이상 고통의 대상이 아니라 기쁨과 즐거움의 대상이었다. 돈의 흐름을 관찰하고 무엇이 비싸지고 무엇이 싸질지를 예측할 수 있게 되니, 합리적으로 장을 보고 최대한 저축해서 투자를 할 수 있었다. 이렇게 글로 배우고, 몸으로 터득한 절약 노하우 덕분에 2013년 짠돌이 카페에서 개최한 '슈퍼짠 선발대회'에서 대상을 받기도 했다.

'짠순이'는 나의 첫 브랜드였고, 덕분에 방송에도 많이 출연할 수 있었다. 얼굴이 알려지는 건 부담스러웠지만, 어딘가에서 과거의 나처럼 경제적인 어려움으로 고통받고 있을 사람에게 희망을 주고 싶었다. 가난을 벗어나는 노하우를 알려주고 싶었다. 그래서 방송에 나갈 때마다 책을 읽는 장면을 넣어달라고 부탁했다. 지금 당신이 보고 있는 그 TV 앞에서 벗어나, 제발 책을 읽고 인생을 변화시키라고 이야기해주고 싶었기 때문이다. 방송국 입장에서는 '아니, TV를 보지 말고 책을 읽으라니?' 하고 황당했을 수도 있으나 감사히도 대부분 책 읽는 장면을 방송에 내보내주었다.

⟩6개월 만에 천만원 만들기 프로젝트⟨

절약에 대한 이야기가 나온 김에 좀더 본격적인 절약 노하우를 살펴보도록 하자. 2017년 EBS 〈호모 이코노미쿠스〉에서 진행한 '6개월에 천만원 만들기 프로젝트'에 멘토로 출연하게 되었다. (감사하게도

2018년에도 출연해 10월부디 방영된다.) 물론 지금은 상을 탔던 그때처럼 아끼진 않지만, 절약을 위해 애쓰는 도전자들을 보면서 엊그제의 나를 보는 것 같은 동질감을 느꼈다. 나는 6개월에 천만원을 모아본 경험이 있다. 내가 슈퍼짠 선발대회에서 대상을 받을 무렵, 6개월 만에 모았던 금액이 딱 천만원이었다. 그래서 이게 얼마나 힘든 건지, 어떻게 해야만 모을 수 있는지를 잘 안다. 대충대충 해서는 모을 수 없는 금액이다.

그런데 왜 군이 6개월에 천만원일까? 사실 물가상승률을 감안하여 내 집 마련, 자동차 구입, 자녀교육, 노후 준비까지 하려면 6개월에 천만원씩 아무리 모아도 부족할 것이다. 하지만 어떻게 쥐어짜면 저축할 수 있는 금액이고, 외벌이로 힘들 땐 맞벌이를 하면 가능한 금액이기도 하다. 한 달에 약 167만원을 모으면 되는데, 하루로 따지면 5만 5700원 정도 된다. 미래를 위해 이 정도는 저축하자는 것이다. 그리고 무엇보다 이렇게 절약하며 저축하는 습관을 갖자는 것이다.

그럼 어떻게 해야 6개월에 천만원을 모을 수 있을까? EBS 〈호모 이코노미쿠스〉 도전자들이 실천해서 모두 저축에 성공한 비법을 공유하고자 한다.

1. 통장, 카드를 분석하여 지난달, 작년 등등 지출내역서를 항목별로 작성했다.

2. 숨만 쉬어도 나가는 고정지출과 생활비로 쓰는 변동지출을 따로 구분했다.

3. 수입에서 167만원을 저축용으로 뺐다. 남은 돈에서 고정지출도 빼고 그 나머지 돈으로 생활했다.

4. 부부가 함께 쓰는 신용카드나 공금 개념을 없애는 것이 가장 큰 포인트였다. 부인과 남편이 개인 용돈을 나누어 갖고, 그것으로 한 달 동안 각자 쓰는 것을 목표로 했다.

5. 신용카드를 없앤 대신 체크카드를 사용했다. 체크카드 결제계좌에 돈을 한번에 넣어두는 것이 아니라 1일, 7일, 14일, 21일, 28일, 이렇게 5번에 걸쳐 나눠서 들어가도록 자동이체를 시켜놨다.

만약 수입이 400만원이라고 하면 167만원을 빼면 남는 돈이 233만원이다. 여기에서 숨만 쉬어도 나가는 돈, 줄이기 힘든 돈을 고정지출로 따로 적는다. 관리비, 보험료, 통신비 등등이다. 나의 경우는 남편 용돈도 고정지출로 포함한다.

이렇게 했을 때 남는 돈은 집집마다 다르겠지만 대부분 '정말 이 돈 가지고 살 수 있나?' 싶은 금액만 손에 남는다. 300만원 이하의 월급으로 수입의 50퍼센트를 저축하기 위해 고군분투했던 시절엔, 수중에 쥐어진 돈이 적을 땐 15만원이었고 많아야 30만원이었다. 하루에 5천원 살기를 해야 했고, 많아야 하루에 만원 살기였다. 그런데 생각보다 살 만했다. 앞서 밝혔듯 아껴 쓰고 나눠 쓰고 고쳐 쓰면서 절약을 생활화했던지라 예상만큼 어렵지는 않았다.

어쨌든 6개월에 천만원을 모으기 위해, 반드시 기억해야 할 핵심은 다음과 같다.

167만원을 저축하고 남은 돈 – 숨만 쉬어도 나가는 고정지출
= 남편 용돈 + 아내 용돈 + 아이 용돈

절약을 하기로 마음먹었는데 돈이 잘 모이지 않는 이유는 대부분 신용카드 때문이다. 외벌이하는 남편이 부인에게 생활비를 따로 주면서 가족이 함께 쓰는 신용카드를 펑펑 긁는 경우가 있다. 이런 경우 생활비도 나갔는데 카드값도 따로 나가 돈이 숭숭 새는 일이 발생한다. 돈을 모으기로 결심했다면 신용카드는 없앤다. 무엇보다 부부가 함께 쓰는 돈을 없애는 것이 가장 중요하다. 내 돈도 네 돈도 아닌 공금은 누구나 헤프게 쓰기 쉽다. 우리 부부는 여전히 외식을 하거나 과일을 사거나 아이 간식을 구입할 때 누가 낼지를 상의한다. 기본적인 식비는 내가 지출하는 편이지만 가끔은 남편 용돈을 쓰려고 애교도 좀 부리고 필사의 노력을 다한다.

신용카드를 없앤 다음에 어떻게 할까? 남편의 체크카드, 부인의 체크카드, 이렇게만 남겨두고 각자 용돈 개념으로 써야 한다. 외식을 할

때도 '네가 살래? 내가 살까? 아니면 더치페이할까?'를 두고 신경전을 벌여야 한다. 남편과 내 돈을 따로 구분해서 연애하듯이 살아보자. 아이들 학용품, 간식비, 과일값도 부부가 상의해서 내는 식이다. 일주일에 한 번씩 통장에 돈이 들어오기 때문에 잔고가 얼마인지 뻔하다. 만약 한 달치를 넣어놨다면 계획 없이 쓸 수도 있다. 그러나 일주일마다 나눠서 쓸 돈이 들어오는 체크카드는 많이 긁으려야 긁을 수가 없다.

체크카드 통장에 돈이 바닥나면 어떻게 할까? 나의 경우 다음에 입금되는 날짜까지 돈을 쓰지 않고 기다렸다. 계획대로 돈을 쓰지 않은 내게 주는 일종의 벌이었다. 그래봐야 일주일마다 한 번씩 입금날이 돌아오니 며칠만 기다리면 되었다.

그럼 그동안 뭘 먹고 살까? 냉장고와 냉동실을 잘 뒤져보면 굶지 않을 만큼의 먹거리는 있었다. 밀가루가 있다면 수제비를 빚어 먹고 김치가 있다면 김치볶음, 김치전을 할 수 있었다. 계란 한 알로는 계란프라이 대신 계란국을 풍성하게 끓여내었다. 냉동실에 얼려둔 파만 있어도 파와 국간장을 넣은 팟국을 끓일 수 있다. 정 돈이 없으면 안 쓰는 물건을 중고시장에 내놓거나, 고물을 모아 고물상에 팔아서 돈을 마련했다. 주말이 끼어 있다면 친정이나 시댁에 가서 얻어먹는 방법도 있었다. 최대한 아이디어를 짜냈더니 부족해도 어떻게 살아졌다. '이렇게까지 해야 하나' 싶은 분도 계시겠지만, '이렇게까지 해야만' 6개월에 천만원을 모을 수 있었다고 말씀드리고 싶다.

독서가 습관이듯, 절약도 습관이다. 절약을 습관화하는 사람은 적은 수입으로도 보다 빨리 목돈을 마련할 수 있다. 그리고 그 돈을 종잣돈 삼아 남보다 빠르게 투자할 수 있다. 그때 나는 독서하듯 절약했고, 절약하듯 독서하면서 부자엄마의 꿈을 이루고자 노력했다.

현실이 어떻든, 마음만은
국가 경제를 이끄는 장관의 마음으로
↳ 돈을 버는 데 필요한 모든 것 '부자노트'

북테크를 시작하고 본격적으로 투자에 뛰어든 후 나는 '부자노트'를 쓰기 시작했다. 부자노트는 돈을 버는 데 필요한 모든 것을 적는 노트다. 정해진 양식은 없고, 천원짜리 무지노트를 구입하여 내가 지금 당장 필요한 지식이나 계획 등 알게 되고 생각한 것을 모조리 적었다. 별것 아닌 노트지만 그 계획을 꾸준히 상기시키고 마음을 다지는 데 좋았다. 부자노트는 주제별로 몇 가지를 나눴는데, 내가 작성했던 노트 중 일부를 소개해보려 한다.

종잣돈을 모으기 위한 선언 '저축노트'

부자가 되기 위해서는 종잣돈을 모으는 게 가장 중요하다고 생각했다. 그래서 저축 계획을 작성하여 집안 곳곳에 붙여놓았다. 화장대 앞, 컴퓨터 앞, 거실 벽 등 가리지 않고 내 눈길이 닿는 모든 곳에 붙여놓았다. 가정에서 돈을 아끼려면 나 혼자서는 안 되기에 남편도 자주 볼 수 있도록 하는 것이 중요했다. 2013년 무렵 나의 저축 계획표는 다음과 같았다.

:: 2013년 저축 계획표

수입		저축		고정변동지출	
남편 월급	300	적금 1	100	시댁	20
양육수당	35	적금 2	50	남편	20
연말성과급	570			관리비	15
복지포인트	80			보험	8
				연간예비비	20
				통신비	9
				대출	13
				주유비	15
				식비	30
				경조사	10
				육아비	10
월 합계	335		150		170
연간 합계	4,670		1,800		2,040
2013년 수입	4,670				
2013년 지출	2,040				
2013년 저축	2,630				
저축률	56%				

육아비를 너무 적게 잡았는데, 3월부터 첫째아이와 둘째아이가 어린이집에 다니게 되면서 이 부분이 상향되는 바람에 희망 저축액은 달성하지 못했다. 그래도 정부에서 양육수당을 주어서 추가로 저축을 더 할 수 있었다. 아이들과 슈퍼 한번 들어가지 않았을 정도로 간식비도 아꼈다. 내가 이만큼 저축을 하기 위해서 무엇을 아끼고 절제해야 하는지를 글로 선언했기에, 실천에 옮기기 어렵지 않았다.

끊임없이 돈을 모니터링하다 '세계 경제노트'

『시크릿』은 "좋은 일이 일어나려면 좋은 생각을 먼저 해야 한다"고 말하는 책이다. 그것도 아주 구체적으로, 우주가 감동할 만큼 간절하게. 긍정적인 마인드를 품는 데 있어서는 도움을 받았던 책이지만, 나는 이 책에 나오는 이야기처럼 그저 통장에 돈이 찍히는 상상만 해서는 돈이 들어오지 않는다고 생각했다. 돈이 들어올 만한 행위가 있어야 결과적으로 돈이 생긴다고 믿었다. 그래서 끊임없이 돈을 모니터링했다.

무엇보다 주목한 것은 세계 경제였다. 1998년 IMF와 2008년 금융위기가 너무나도 아픈 기억이었기 때문에 세 번은 반복하고 싶지 않았다. 물론 세계 경제가 나의 투자에 직접적인 영향을 미친 적은 없다.

그렇지만 나는 늘 관심을 끄지 않았다. 심지어 2011년 9월에는 추석 때 시댁에 부자노트를 들고 가서 경제 이슈를 메모하며 공부했을 정도다. 세계 경제를 보며 넓은 시각으로 돈의 흐름을 파악하려고 노력했다. 비록 아이를 키우는 전업주부였지만 마음은 국가 경제를 이끄는 장관의 마음이었다.

2011년 여름 한국은행이 금을 25톤이나 대량매수했는데, 불과 몇 달 만에 그리스 국채위기가 터지면서 기축통화인 달러화가 강세가 되

:: 나의 세계 경제노트들

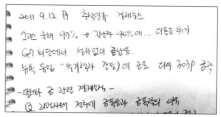

어버렸다. 금에 투자한 자금들도 다시 달러로 빠져나오면서 금값은 그 이후로 계속 떨어졌다. 그 사건으로 인해 국가에서 하는 일이라고 모두 최고의 결과가 나오지 않는다는 것을 배웠다. 그래서 더더욱 전문가나 권위자의 의견에 휘둘릴 필요 없이, 돈에 관련한 나의 원칙과 주관대로 살아야 한다고 다짐하게 되었다.

2018년 9월 현재 미국은 줄기차게 금리 인상을 통해 시중에 풀린 통화를 다시 회수하려고 하며, 위풍당당하게 중국과의 무역전쟁을 비롯해 달러가 부족한 신흥국의 숨통을 조이고 있다. IMF의 지분 30퍼센트를 미국이 갖고 있어, 사실상 미국이 구제금융을 결정한다는 것을 최근에 알았다. 1998년 IMF에서 달러를 빌려줘 고맙다고 생각했는데, 돌이켜보니 세상 이렇게 나쁜 놈이 따로 없다. 달러 고리대금 사채업자 같단 말이다. '전쟁통에 부자난다'는 말이 가슴 깊이 와닿는 요즘이다. 누군가가 힘들고 무너질 때 누군가에게는 기회가 온다. 문제는 대부분이 무너지고 소수만이 살아남는다는 것이다. 그렇게 개인뿐만 아니라 국가 간의 양극화도 점점 심해지고 있다. 하지만 불평등하다며 분노하기 전에, 냉정하게 현실을 바라보고 인정하는 수밖에 없다. 작은 위기에도 기축통화인 미국 달러가 안전자산이라고 우르르 달려가는 꼴을, 보기 싫어도 지켜봐야 하는 것이 현실이다. 이것이 내가 세계 경제를 공부하며 깨달은 것이다.

'부동산 투자노트'와 '부동산 정책노트'

2013년 5월 나는 셋째를 출산했다. 산후조리 기간에 모유수유를 하며 내가 한 일은 '월세가 나오는 아파트'를 구입한 것이었다. 아이들이 클수록 분명 돈이 더 많이 필요할 것이기 때문에, 추가 수입을 발생시키고 싶었다. 절약만으로는 한계가 있었고, 절약해 모은 돈을 불릴 때였다. 산후조리를 하면서도 밤새 부동산 물건을 찾는 데 집중했다. 그때 만든 것이 '부동산 투자노트'와 '부동산 정책노트'다.

사실 2013년 여름, 셋째를 출산한 지 백일도 채 되지 않아 부동산 투자에 열정을 바친 특별한 이유가 있었다. 그것은 세상에 본 적 없는 특별한 정책이 시행되었기 때문이다. 2013년 4월 1일부터 12월 31일까지, 1세대 1주택자의 물건을 매수하여 매매계약서 뒷면에 국토해양부의 확인도장을 받은 경우 그 물건은 매도할 때 양도세가 면제됐다. 관련 자료를 모두 노트에 옮겨 적으며 어디에 투자해야 할지 고민했다.

얼마 뒤 방 3개, 화장실 1개짜리 26평 아파트를 6050만원에 샀다. 대출은 4200만원이 나왔고, 보증금 1000만원에 35만원 월세를 받을 수 있었다. '6050 − 대출 4200 − 보증금 1000 = 850'. 필요한 돈은 850만원이다. 과거에는 대출이자를 감당할 자신이 없어 대출을 꺼렸지만, 2013년에는 이미 여러 채의 아파트를 확보하며 월세를 받고 있었기에 이 정도 대출은 그다지 위험부담이 크지 않았다.

월세가 35만원인데 대출이자는 15만원 정도여서 매달 20만원이 남았다. 참고로 850만원을 은행에 저축하여 3퍼센트 연이자를 받으면 25만원이다. 나는 매달 20만원을 받았으니 은행 이자의 10배에 달하는 고수익이었다. 그리고 2, 3년쯤 월세를 받으며 보유하다가 1채에 3천만원 정도의 시세차익을 보고 팔았다. 이 아파트는 하락의 위험이 전혀 없고, 산업단지 입주기업으로부터 월세를 받았기에 월세가 밀린 적도 한 번도 없었다. 얼핏 보기에는 아주 싸고 볼품없는 아파트였지만, 오랜 공부와 노력을 통해 특별한 가치를 볼 수 있었기에 가능한 투자였다.

:: 내가 작성한 부동산 관련 노트들

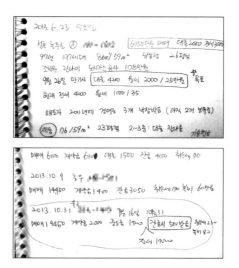

돈을 벌기로 마음먹은 이후로 줄곧 부동산 정책, 세법, 경제 기사에는 자연스럽게 안테나가 곤두서 있다. 처음에는 어렵고 스트레스 받는 일이 많았지만, 이제는 재미있고 내 생활의 일부처럼 여겨진다.

〕노트 작성 포인트는 정보+생각 〔

나의 부자노트에는 주식, 환율, 달러, 토지 투자를 비롯하여, 작가가 되어 돈을 벌 수 있는 방법, 마케팅 등등 돈에 관련된 모든 것이 적혀 있다. 노트는 모두 날짜순으로 적어놓았기 때문에 몇 년도 몇 월에 내가 어떤 것에 관심이 있었는지 복기할 수 있어 좋다. 정보를 기입한 후 나의 생각은 'T'라고 표시한 후에 따로 적었다. 어디서 보고 들은 것과 내 생각을 구분하고 싶었기 때문이다. 어떤 노트든 작성 포인트는 동일하다.

1. 꼭 비싼 노트일 필요는 없다. 천원짜리 노트라도 그 안에 담긴 정보와 계획이 몇 천만원이라면 몇 천만원짜리 노트가 된다.
2. 노트는 **저축, 부동산, 경제 등 주제별**로 나누되, 각 노트는 세부 주제로 나누지 않고 **날짜순으로 기입**한다. 그래야 생각날 때마다 펼쳐들어 바로바로 적기 편하다.

3. **돈과 관련해 관심 가는 정보, 새로 습득한 정보**는 하나도 빠짐 없이 모조리 적는다.

4. 메모한 정보에 관한 **나의 생각은 별도로 표시**한다. 정보와 생각을 명확히 구분하는 방법이다. 정보를 통해 생각을 유추하는 연습도 된다.

5. 노트 속 **생각이 어느 정도 실현되었는지, 중간중간 확인**한다. 내 투자감각과 경제 지식이 얼마나 발전했는지 확인하는 과정으로 동기부여에도 좋다.

요즘은 '에버노트'라는 프로그램을 통해 노트북, 스마트폰을 넘나드는 메모를 하고 있다. 이전까지는 손으로 직접 쓰는 편을 선호했지만 2013년 겨울에 쓴 노트를 잃어버리면서, 백업의 중요성을 깨닫게 되었다. 잃어버린 노트에는 관심 지역을 모의투자한 기록도 있었기 때문에, 시간이 지나서 시세나 상황이 어떻게 변경되었는지 체크할 때 유용한 자료였는데 없어져서 무척 속상했던 기억이 난다. 지금은 에버노트를 통해 영상, 이미지, 음성 등을 활용하여 더 풍부하게 메모를 할 수 있게 되었고, 강력한 검색 기능으로 빠르게 자료를 찾을 수 있게 되었다. 엄청나게 시간을 절약해주고 있어 만나는 사람마다 추천하기도 한다. 누군가가 어떻게 이렇게 많은 일을 할 수 있냐고 물으면, 에버노트가 나의 시간을 절약해준다고 대답하고 싶다.

⨠부자가 되는 유일한 방법⨞

5천 년에 걸친 유태인의 지적 자산이 농축되어 있는 책『탈무드』에 이런 말이 있다.

> "부자가 되는 유일한 방법은, 내일 할 일을 오늘 하고, 오늘 먹어야 할 것을 내일 먹는 것이다."

이 구절을 실천할 한 문장으로 삼은 뒤, 이렇게 살고자 애썼다. 졸립고 피곤해도, 귀찮고 힘들어도 내일 읽을 책을 오늘 읽고, 내일 할 공부를 오늘 했다. 그리고 입고 싶은 옷, 먹고 싶은 음식, 갖고 싶은 것을 오늘이 아닌 내일로 미루며 절약했다. 절약을 위해 할 수 있는 건 다 해본 것 같다. 천만원을 모으면 그 돈이 천만원으로 끝나는 게 아니라, 투자를 통해 수년 후 수천만원, 아니 수억원이 될 수 있다는 믿음 덕분이었다. 내게는 '오늘의 푼돈'이 '내일의 목돈'이었기에 소비보다는 저축을 최우선으로 삼을 수 있었다.

그렇게 돈을 모았고, 많은 것이 바뀌었다. 무엇보다 달라진 것은 나 자신의 변화다. 아무것도 하지 않으며 무기력의 수렁에서 허우적대던 나, 스스로에게 자신감이 없어 아이들을 통해 보상받고자 했던 나는 이제 없다.

단순히 돈이 많아져서 생긴 변화가 아니다. 물질적 투자를 지나 정신적 투자에 힘썼기에 가능한 일이라고 믿는다. 진정한 재테크, 북테크를 통해 얻을 수 있는 가장 큰 이익은 변화된 스스로가 아닐까. 이후 장에서는 어떻게 '나 자신'에게 투자하고, 그것을 통해 삶을 풍요롭게 만들 수 있는지에 대해 이야기해보고자 한다.

"아는 것은 '반드시' 써먹는다!"

- 비전보드에 넣고 싶은 목록을 적는다.
  그리고 만든다.

- 부에 관련된 읽고 싶은 책 목록을 적는다.
  그리고 당장 주문한다.
  (일단 서재에 꽂아놓으면 읽게 되어 있다. 속닥속닥.)

4장

내 인생이 '한 권의 책'이 되는 순간

북테크 3단계: 재테크의 백미는 '나 자신'에 대한 투자

'슈퍼짠 선발대회' 대상,
그리고 '짠순이'라는 브랜드

ㄴ 인생도 그렇듯, 북테크에도 터닝 포인트가 찾아온다

2013년 2월 다음 '짠돌이 카페'에서 '슈퍼짠 선발대회'가 개최되었다. 회원들 중 가장 알뜰한 사람을 뽑는 대회였다. 1차 예선에 통과한 사람들을 대상으로 투표를 거쳐 최종 순위를 매겼다. 대상 수상자로 '복부인'이라는 나의 닉네임이 발표되었다. 사실 복부인은 '복이 들어오는 부인'이라는 의미로 정한 것이었는데, 이 단어에 대해 안 좋은 시선이 있다는 것을 미처 고려하지 못했다. 별생각 없이 썼던 닉네임이 나를 지칭하는 브랜드처럼 된 후에야 다른 이름을 고민해볼 걸 그랬나, 후회했다.

어쨌든 그날 이후 내 글이 카페 메인에 노출되어 많은 회원들이 읽는 인기글이 되었다. 더 놀라운 것은 수상하자마자 방송국에서 연락이 빗발쳤다는 것이다. 나는 대상 상품인 50만원 상품권에만 욕심이 있었지, 방송 출연은 상상조차 하지 못했다. 방송을 타서 유명해지겠다거나 방송인으로 살아보겠다는 생각은 추호도 없었다. 북테크를 하면서 나중에는 재테크 전문가가 되어 책도 쓰고, 강의도 하고 싶다는 꿈을 꾸긴 했지만, 방송은 또 다른 문제였다. 내가 유명해진다고 가지고 있는 부동산이 더 오르는 것도 아니고, 괜히 얼굴이 알려지면 불편하기만 할 것 같았다. 그럼에도 TV에 출연한 이유는 과거의 나와 비슷한 처지에 있는 사람들에게 희망을 주고 싶어서였다.

'나 같은 사람도 했으니, 당신도 분명 할 수 있다'고.

거기에 더해 절약하는 삶이 행복하고 즐거울 수 있다는 것을 알리고 싶은 마음도 있었다. 절약, 짠순이라고 하면 다들 아등바등 궁핍하게 사는 모습을 떠올리곤 한다. 물론 실제로 그렇긴 하다. 하지만 어디까지나 물질적인 부분에 한해서다. 생활이 조금 팍팍하긴 하지만, 그로 인해 더 나은 미래를 만날 거라는 희망과 각오가 있기에 그 어느 부자보다 마음만은 풍족하다. 그걸 알려주고 싶었고, 그렇게 TV에 출연하게 되었다.

방송은 아무나 하는 게 아니었다

망가진 채 간신히 빨래를 지탱하고 있는 우리집 빨래 건조대는 마치 피사의 사탑 같다며 방송에 소개됐다. 우리집에서 도보로 3분 거리에 있던 고물상 아주머니도 덩달아 TV에 두 번이나 출연하셨다. 앞서도 말했듯이 나는 일반 대형마트는 잘 가지 않고, 전통시장이나 농수산시장에서 장을 보는 것을 선호한다. 첨가물이 든 가공식품이나 인스턴트식품은 '생협 자연드림'에서 주로 주문한다. 마트보다 시장을 주로 찾는 모습이 요즘 주부와 다르다고 느꼈는지, 시장에서 재료를 구입해 요리하고 먹는 장면을 방송에서 자주 찍곤 했다.

예상은 했지만 방송은 생각보다 더욱 어려웠다. 3만원으로 장을 봐서 셋째아이 백일상을 차리는 미션을 수행한 적도 있다. 대전 오정동 농수산시장을 카메라와 함께 누볐다. 한겨울 집 근처에 있던 한민시장에서 셋째아이를 포대기로 업은 채 장을 보는 장면도 찍었다. 아이도 데리고 다녀야 하고, 장바구니도 들어야 하고, 중간에 멘트까지 해야 하니 고역이었다. 3분 방송을 위해 3시간 이상 촬영해야 했고, 3시간을 촬영하려면 카메라 감독님과 6시간 이상을 함께 보내야 했다. '역시 방송은 아무나 하는 게 아니구나' 싶었다.

〈아침마당〉에 나갔을 때는 이금희 아나운서님이 "이 옷은 어디서 났어요?"라고 물어왔다. 워낙 유명한 방송이고 출연료도 30만원이나 준다기에 큰맘 먹고 구입한 블라우스였다. 그런데 왠지 짠순이로 TV에 나갔는데 돈 주고 샀다고 하면 안 될 것 같은 생각에 "빌렸어요"라고 거짓말을 했다. 절약에 대해 이야기하러 방송에 나가면서 비싼 옷을 사 입은 것도 부끄러웠는데, 거짓말까지 한 것은 더 부끄러웠던 기억이 난다. 이후에는 방송에서든 일상에서든 절대 스스로 부끄러운 언행은 하지 않겠다고 결심했다.

⟩ '나만', '내 삶만' 변화시키려던 것이 아니다 ⟨

오은영 박사님이 진행하고 팽현숙 선생님이 패널로 출연한 〈EBS 부모〉에도 출연했었다. 재테크 열심히 한 엄마도 EBS에 나갈 수 있구나, 내심 놀랐던 기억이 난다. 특히 팽현숙 선생님을 만나서 반가웠다. 내가 예전에 강연을 들으러 간 적이 있다고 하니 무척 좋아해주셨다. 본인 젊었을 때를 보는 것 같다며 격려도 아끼지 않으셨다. 그런데 촬영 도중 아이들을 키우면서 돈을 아끼느라 힘들었겠다는 사회자의 이야기에 갑자기 눈물이 왈칵 쏟아졌다.

예전에 내가 살던 빌라는 LPG 보일러로 물을 데워 써야 했다. 온수 보일러를 설치하던 날, 기사님이 "LPG로 물을 데우면 가스비 엄청 나와요. 여기 못 살아. 빨리 다른 데로 이사 가요"라고 하셨다. 그 말에 겁이 나 온수를 제대로 쓰지 못했다. 한겨울에도 샤워할 때가 아니면 온수를 틀지 않았다. 화장실은 겨울이면 밖보다 더 추웠는데, 겨울철 찬물에 손을 씻고 나면 아이들 손이 빨갛게 되었다. 내 손이야 얼음장처럼 차가워지든 부르터서 피가 나든 상관없지만, 아이들은 아니었다. 그때가 떠오르면서 아이들에게 미안한 마음에 하염없이 눈물이 흘렀다. 내가 고생하는 것은 다 괜찮았지만 늘 아이들에게 죄를 짓는 것 같은 기분이었는데, 언제나 마음 한편에 자리했던 미안함이 방송에서 갑자기 터져버린 것이다. 내가 하도 우는 바람에 녹화가 잠시 중단되기도 했다. 나중에 작가님께 우는 장면은 편집해달라고 부탁했는데, 부끄럽게도 방송에 전부 나갔다.

사실 아이를 키우면서 절약하고 돈을 모으기란 쉽지 않은 일이다. 내 소중한 아이에게 하나라도 더 해주고 싶은 게 부모 마음이다. 조금만 참으면 더 나은 내일을 선물해줄 수 있을 것이라는 믿음이 있었고, 반드시 그렇게 해주겠다는 굳은 다짐과 구체적인 계획이 있긴 했지만, 아이에게 미안한 마음이 드는 것은 어쩔 수 없는 일이었다. 그래서 아이를 키우는 엄마들에게 '무조건 절약'을 강요하고 싶진 않다. 각자가 할 수 있는 선에서 최선을 다하면 될 것이다.

나는 아이들에게 새책을 사 읽히고, 새 옷을 사 입히지는 못했지만, 대신 더 값지고 소중한 지식과 지혜를 심어주고자 애썼다. 내가 달라지기 위해, 내 삶을 바꾸기 위해 시작한 북테크였지만 그렇다고 '나만', '내 삶만' 변화시키고자 애썼던 것은 당연히 아니다. 아이가 태어난 순간부터 엄마의 삶에서 아이는 가장 중요한 일부, 아니 전부가 된다. 돈을 버는 법이나 나를 변화시키는 법뿐 아니라 아이를 잘 키우는 법, 아이를 이해하는 법에 대한 책도 당연히 많이 읽었다. 또 아이들이 책과 친해질 수 있도록 많은 노력을 기울였다. 나는 아이들에게 '물고기'를 주기보다 '물고기 잡는 법'을 알려주고 싶었고, 그래서 아끼고 모으는 와중에도 아이들 책을 사주는 데는 늘 기꺼이 지갑을 열었다. (비록 중고 서적이 대부분이었지만 말이다. 하지만 앞서 말했듯 책이 헐었다고 그 안에 담긴 지식이나 지혜도 낡은 것은 아니다.)

⟩북테크, 터닝 포인트를 맞이하다⟨

돈을 아끼는 대회에서 상을 받은 계기 하나로 몇 년간 절약 관련 방송에 출연했다. 이후 관련 강의도 여러 번 했고, 2017년부터는 가계부도 출간하고 있다. '짠순이'라는 브랜드를 가짐으로써 생겨난 일들이다. 스스로도 믿기지 않을 만큼 많은 일들이 벌어졌고, 모두 경험해보지 않았으면 몰랐을 놀라운 세계다.

돌이켜보니 세 아이를 키우며 돈이 충분하지 않았던 경험을 사람들과 나눈 것이 나를 브랜딩하는 계기였던 것 같다. 꼭꼭 숨어 절약 노하우를 나만 알고 혼자서만 저축했다면, 책을 내고 방송에 나가고 강의까지 하는 일이 가능했을까. 슈퍼짠 선발대회에 나가기 석 달 전부터 카페에 매일같이 절약팁과 지출내역 등을 올렸다. 월간결산과 연간결산도 공유했다. 물론 대회가 열릴 줄 모르고 한 일이었다. 알고 있는 것이 있으면 아무리 작은 것이라도 다른 사람과 나누고자 했을 뿐이다. 나뿐 아니라 짠돌이 카페 다른 회원들도 마찬가지였다. 끼리끼리 유유상종. 모두 자신의 치부일 수도 있는 이야기들을 가감 없이 들려준 덕분에, 서로 시너지 효과를 내면서 각자 조금씩 더 성장할 수 있었다. '나누면 커진다'는 빤한 이야기를 나는 몸소 체험했다.

그래서 블로그도 시작했다. '슈퍼짠 선발대회'에 당선되자마자 카페 회원들의 쪽지와 비밀댓글이 빗발쳤다. 다들 아이 셋을 키우며 어떻게 절약할 수 있었는지, 뿐만 아니라 부동산 투자까지 할 수 있었던 노하우가 무엇인지 물어왔다. 나는 주저 없이 '책을 읽었기 때문'이라고 답했다. 그랬더니 이번에는 어떤 책을 어떻게 읽었는지 문의가 이어졌다. 마침 나도 책을 더 잘 기억하기 위해 서평을 써야겠다고 생각하던 터라, 블로그를 열고 서평과 경제 이야기를 올리기 시작했다. 경제 기사를 나만의 시각으로 해석하는 글도 많았다. 어차피 기사는 매일 읽는 것이었고, 나도 손해보지 않기 위해 끊임없이 공부하고 연구하기에 그 내용을 공유하고자 한 것이다. 물론 내 생각이 100퍼센트 옳고 맞지는 않겠지만, 나로서는 최선을 다했다.

이렇게 블로그를 통해 내가 가진 것들을 나눌 수 있다는 사실이 기뻤다. 절약하는 방법이나 꿀팁 같은 것이 있으면 모두 알려주고 싶었다. 어려웠던 시절의 이야기를 카페, 블로그, 방송을 통해 아낌없이 노출했다. 어느 날 짠 하고 부자가 된 모습으로 뻐기듯 자랑하고 싶지 않았다. 꾸준히 노력하고 성장하는 모습을 공유할 수 있다면 그것이야말로 더없이 가치 있는 일이라고 생각했다. 몇 년간 미친듯이 저축하고 책을 읽고 부동산을 다니며 돈에 눈을 뜬 것은 내 인생의 축복이었다. 마음만 먹으면 누구나 누릴 수 있는 축복이기도 했다. 그래서 쉼 없이 서평을 써서 내가 읽은 좋은 책들을 알렸다. 그러나 누군가는 서점이나 도서관이 집에서 멀어서, 육아나 직장일로 바빠서 책을 빌릴 시간조차 없을 터였다. 그래서 2014년부터 매달 '이달의 도서'를 선정해 블로그 이웃들에게 책을 선물하고 있다. 이벤트를 열고 댓글을 받는데, 당첨 기준은 무조건 선착순이다. 거기엔 몇 가지 이유가 있다.

우선 조건 없이 주고 싶었다. 예를 들어 내 블로그 글을 공유한다거나 서평을 꼭 써야 한다는 조건은 걸고 싶지 않았다. 그냥 나누면 어떤가? 어차피 내가 무슨 이익을 취하고자 시작한 일이 아닌데 말이다. 또 사연의 우열을 가리고 싶지도 않았다. 책을 받고 싶은 사람은 저마다의 사연이 있을 것이다. 그 많은 사연을 읽고, 누구는 책을 받을 자격이 있고 누구는 없다는 판단 같은 건 내리고 싶지 않았다. 책을 읽고 싶은 모든 사람은 그 자체로 책을 읽을 자격이 있기 때문이다. 누구도 차별하지 않고 누구에게나 공평한 것이 책이고, 그것이 내가 북테크를 시작한 이유이자 북테크를 권하는 이유 아니던가. 그리고 마지막으로 '나는 운이 참 좋다'는 긍정적인 생각을 선물하고 싶었다. 긍정적인 생각을 갖고 북테크를 시작하도록 돕고 싶었다.

이렇게 블로그를 하고 카페를 하고 또 방송을 하고 강의를 하며 새로운 세계를 접하면서, 나의 북테크는 터닝 포인트를 맞이했다. 이전까지는 돈을 버는 것이 가장 주된 목표였고, 나의 투자는 부동산에 집중돼 있었다. 일단 돈을 벌어서 경제적인 자유를 누리고 우리 가족이 좀더 풍요로워질 수 있어야, 자신감도 생기고 스스로 당당해질 수 있다는 생각에서였다. 그런데 어느 정도 돈을 모으고 그 노하우를 사람들과 나누다보니, 그 보람과 성취감이 상당했다. 부족하나마 좀더 많은 사람들과 다양한 정보와 지식을 공유하고 싶었다. 그래서 막연하게 생각만 하고 있던 '재테크 전문가'의 꿈을 구체화하기 시작했다.

이제 나의 투자대상은 부동산이 아니었다. 나는 나 스스로에게 투자해보기로 했다. 돈을 불리듯 나의 가치를 불리고, 아파트 평수를 넓히듯 나라는 사람의 그릇을 넓히는 것, 그것이야말로 진정한 재테크라는 생각이 들었다.

'내 삶'의
저자가 된다는 것

↳ **'첫 문장'과 '끝 문장'의 법칙**

2014년, '슈퍼짠'으로 선발된 다른 사람들과 함께 쓴 책이『돈이 모이는 생활의 법칙』이라는 이름으로 출간되었다. 이를 계기로 경제 전문기자 성선화 기자님과 인터뷰를 하게 되었고, 그 인연으로 강연도 하게 되었다. 그녀가 소속된 〈이데일리〉에서 매년 진행하는 'Wealth Tour'라는 강연회가 그 무대였다. 청중이 무려 270명이나 모였다. 그렇게 많은 사람을 앞에 두고 강의를 하려니 몹시 떨렸다. 강연 코칭이나 스피치 교육을 한 번도 받아본 적 없는 내가 이런 큰 무대에서 강의를 해도 되나, 하는 생각도 들었다. 하지만 '쪽팔리기밖에 더하겠어?'라고 스스로를 다독이며 용기를 냈다. 부족한 것투성인 첫 강의였지만, 결과는 나름 성공적이었다. 이 강연을 들으러 온 한 청중에게 동일한 주제의 애프터 강연을 요청받기도 했으니 말이다.

내용은 '민낯'이되, 전달은 '풀메이크업'으로

이후 여러 강의를 진행했다. 처음에는 너무 떨려서 어쩔 줄 몰랐지만, 시간이 지날수록 조금씩 능숙해지는 스스로를 발견할 수 있었다. 언변도 조금씩 늘었고, 청중을 대하는 태도도 좀더 여유롭고 편해졌다. 다만 변하지 않은 것이라면 강의에 임하는 나의 마음가짐이었다. 〈아침마당〉 출연 이후 결심했던 대로 강의할 때도 '무조건 진실될 것'을 스스로에게 주문했다. 잘 보이고 싶은 마음, 좋은 평가를 받아야 한다는 압박감이 없었다면 거짓말이겠지만, 사실보다 부풀리거나 없는 것을 말하지는 않았다. 나의 부족한 면까지 모두 끄집어내 오직 진실만 말했다. 그게 오히려 긴장감을 없애는 데 도움이 되었다. '있는 그대로만 말하면 된다'고 생각하니, 한결 마음이 편했던 것이다.

물론 청중과 소통하는 강의를 하려면, 있는 그대로를 이야기하는 것만으로는 부족하다. 내용은 꾸밈이나 과장이 없어야, 즉 '민낯'이어야 하지만, 전달하는 방법과 도구는 '메이크업', 그것도 '풀메이크업'이 필요하다. 그래야 나누고자 하는 내용을 잘, 제대로 전할 수 있기 때문이다. 처음 강의를 할 때 나름 여러 자료를 찾으며 효과적인 PPT 만드는 방법을 공부했는데, 지금도 여전히 그 방식을 사용하고 있다. 혹시나 강사를 꿈꾸는 분이 있다면, 참고가 되었으면 하는 바람에서 간략히 소개해보고자 한다.

1. 사진을 많이 넣는다.

때로 한 장의 사진이 백 마디 말보다 많은 메시지를 전하곤 한다. 어차피 PPT는 설명을 돕는 보조수단이기에 글보다는 사진으로 이목을 끄는 게 좋다. 하지만 화려하고 멋진 이미지보다는 주제에 걸맞은 이미지를 택해야 한다. 나의 경우 첫 강연은 오래된 아파트를 세놓기 위해 저렴하게 셀프 리모델링하는 방법에 관한 것이었다. 내 경험을 가지고 이야기하는 자리이기 때문에 남의 사진은 하나도 쓰지 않았다. 내가 실제로 진행했던 리모델링 과정을 사진으로 보여주었는데, 덕분에 더욱 생동감을 살릴 수 있었다.

2. 글자는 적게, 단 핵심 단어는 모두 적는다.

초보 강사는 할말을 다 외우지 못한다. 하고 싶은 이야기를 잊지 않고 모두 하기 위해서, PPT에 핵심 단어를 전부 적어놓았다. 대본을 만들 수도 있었지만, 그러면 사람들 얼굴은 쳐다보지 않고 대본만 들고 읽을 것 같았다. 대본을 달달 외워서 말하는 방법도 있겠지만, 외워서 말하는 티가 많이 날 것 같았고, 무엇보다 암기한 내용을 잊어버렸을 때 당황하기 쉽다는 단점이 있었다. 나는 대본을 만들지 않은 덕에 잊어버릴 것도 없었고, 그저 PPT의 핵심 단어를 보며 하나씩 기억을 떠올리면서 크게 막힘없이 강연을 진행할 수 있었다.

3. 애니메이션 기능을 넣는다.

계속 이미지와 글이 반복되면, 재미도 감소되고 집중력도 흐트러지기 쉽다. 나는 PPT에 애니메이션 기능을 넣어서 포인터를 한 번 클릭할 때마다 이야기할 사진이나 글이 등장하게 했다. 그렇게 청중의 관심과 흥미를 유도할 수 있었다. 하나씩 등장하던 사진과 글이 한 페이지를 채우면 사진을 찍는 분도 계시니, 잠시 촬영할 시간을 준 것은 강연을 여러 번 하면서 터득한 나름의 노하우다.

"그러면 강사가 되세요"라는 한마디

첫 강의를 시작했던 2014년 가을, 서울의 아파트 전세가격이 차츰 올라 매매가격에 근접해가고 있었다. 소형 아파트의 경우 전세가에 3천~5천만원 정도를 더해 매매도 가능했다. 하지만 언론에서는 하루가 멀다 하고 '안 먹고 안 입고 저축해도 집을 못 산다'며 암울한 전망만 내보냈고, '부동산 폭락론'을 외치는 사람들은 집값이 반값이 될 거라며 무책임하게 외쳤다. 내 생각은 달랐다. 꾸준히 책을 읽고 경제를 공부하며 직접 투자해온 경험으로 지금은 '단군 이래 투자금을 가장 적게 들이고 내 집을 장만할 수 있는 타이밍'이라 판단했다.

2006년 결혼할 때 집값이 꼭대기라는 말을 곧이곧대로 믿고 전세를 택해서, 세 아이를 낳아 키우며 8년 동안 전세살이를 했던 설움이 떠올랐다. 그때 누군가 내게 손을 내밀었다면, 자신의 정보와 지식을 나눠줬다면 어땠을까. 내가 알고 있는 지식을 나 혼자 돈 버는 데만 쓰지 말고, 다른 사람들에게도 나눠야겠다고 결심했다. 그 무렵 『나는 오늘도 경제적 자유를 꿈꾼다』의 저자인 청울림 님을 만나게 되었다. 청울림 님은 부동산 투자와 자기경영 분야의 강사로 활동하고 있는데, 강의가 개설되면 10초 안에 마감될 정도로 스타강사다. 독서, 경매, 부동산 투자, 자기경영 등 다양한 분야를 섭렵하고 있는 인생의 선배로, 이제는 고민이 있을 때마다 상담을 청하곤 한다. 처음 만났을 때도 내가 하고 싶은 일에 대해서 이런저런 고민을 털어놓았는데, 답변이 딱 한마디로 돌아왔다.

"그러면 강사가 되세요."

반짝, 머릿속 전구에 불이 들어왔다. 안 그래도 하고 싶지만 할 수 있을까 망설이던 일이었는데, 그렇게 이야기해주니 자신감이 생겼다. 전국을 돌아다니면서 강의를 하는 일이 재미있겠다는 기대도 있었다. 활동적인 성격의 내가 수년간 임신, 출산, 모유수유로 집에만 묶여 있었으니, 이제는 전국을 누비면서 활기차게 살고 싶다는 마음이 들었다. 내가 조금이라도 다른 사람들에게 도움이 될 수 있다면, 얼마나 감사한 일인가. 그것만으로도 충분히 자부심을 느끼고 자존감을 세울 수 있을 것 같았다. 얼마 뒤 강연업체 '마이크임팩트 스쿨' 오디션에

응시해 합격했고, 곧바로 '생애 최초 내 집 마련 재테크'라는 강의가 개설되었다.

재테크 강사를 하기엔 나의 학벌이나 능력이 부족할지 모른다. 게다가 나는 아들만 셋에 전업주부이고 서울이 아닌 지방에 거주했다. 평범도 아닌 평범 이하의 아줌마였고, 재테크도 전문적으로 배운 것이 아니라 독학으로 터득한 것이었다. 하지만 그랬기에 들려줄 이야기가 많다고 생각했다. 정교한 이론을 설명하는 전문가는 못 되겠지만, 실생활에 필요한 정보를 주는 '생활 밀착형 강사'는 될 수 있을 것 같았다. 내가 할 수 있는 이야기를 최선을 다해 전하자고 마음을 다잡았다. 강의 제목에 '생애 최초'라는 말을 붙였던 이유는, 아직 '내 집'이 없는 사람들이 강의를 많이 들었으면 하는 마음에서였다. 나이가 어릴수록, 경험이 없을수록, 그리고 돈이 없을수록 내 집 마련은 어렵다. 그런 사람들과 내 이야기를 함께 나누고 싶었다.

그리고 2015년부터 2016년 봄까지 매달 진행된 마이크임팩트 강의에서 나는 '대출을 받아서라도 지금 집을 사야 하는 이유'부터 '월세 대신 대출이자를 내는 게 이득인 이유', '대출이자 싸게 받는 법', '투자하기 좋은 집의 조건', '오래된 아파트를 저렴하게 리모델링하는 방법'까지 내가 알고 있고 경험한 모든 것을 이야기했다. 늘 어떻게든 더 가지려고 기를 쓰며 살았는데, 가지는 것만큼 나누는 것도 기쁘고 벅찬 일임을 알게 된 시간이었다. 무엇보다 강의를 들어주신 분들에게 감사했다. 강사는 수많은 사람들이 늘 그 자리에 함께 있어줘야 존재할 수 있는 직업이다. 내가 아끼고 소중히 여기는 이 일은 내가 잘나고 똑똑해서 얻은 것이 아니다. 나의 부족한 이야기를 들으러 와주신 많은 분들께서 내게 주신 일이라는 점을 항상 기억하려 한다. 모두 귀한 시간을 내어 내 강의를 들어준 분들 덕분이다.

⸓인생이 정말 한 권의 책이라면⸐

그때 생각했다. 돈이 없어서, 집이 없어서, 그래서 고생하고 좌절해봐서 얼마나 다행인가. 처음부터 돈이 많았고, 수입이 넉넉했고, 결혼할 때 이미 그럴듯한 내 집이 있었다면 치열하게 공부하는 일도, 발로 뛰며 투자하는 일도, 그리고 그렇게 얻은 지식과 노하우를 다른 사람들과 나누며 벅찬 보람과 성취감을 느끼는 일도 없었을 것이다. 태어나서 처음으로 '나는 운이 좋은 사람'이라는 생각이 들었다. '왜 나만 이렇게 어렵게 사는 건가' 하며 하늘을 원망한 순간도 많았지만, 그 원망과 고통이 있었던 덕분에 지금의 기적 같은 일들이 가능했으니 말이다. 책을 읽으며 삶을 바꾸고자 노력했고, 그 덕에 어느덧 스스로 삶을 이끌어가는 사람, 원하고 바라는 대로 인생을 써나가는 '내 삶의 저자'가 될 수 있었으니 말이다.

인생은 한 권의 책이라는 말을 많이들 한다. '오늘의 한 페이지 한 페이지가 모여 나의 일생이라는 한 권의 책이 만들어진다'고도 하고, '인생은 책과 같아서, 어리석은 사람은 마구 책장을 넘겨버리지만 현명한 사람은 열심히 읽는다'고도 한다. 모두 주옥같은 말들이다. 감히 한마디를 보태자면, 인생은 한 권의 책과 같아서 첫 문장과 끝 문장이 중요하다. 첫 문장은 내가 선택할 수 없는 것이다. 주어진 환경이고, 살아낼 현실이다. 하지만 끝 문장은 내가 정하는 것이다. 어떻게 살아왔는지, 어떤 인생을 펼쳤는지에 따라 마지막 문장이 달라진다. 책으로 삶을 바꾸고 싶다면, 더 나은 나를 만나고 싶다면, '첫 문장'과 '끝 문장'의 법칙을 기억해두기를 권하고 싶다.

내 인생이 한 권의 책이라면,

1. 첫 문장은 무엇이었는지 늘 기억하자. <u>북테크를 시작할 시점의 삶을 잊지 말라</u>는 뜻이다.

2. 끝 문장은 무엇일지 늘 생각하자. 북테크 이후의 삶, <u>꿈꾸는 변화와 목표를 구체적으로 떠올리라</u>는 의미다.

3. 첫 문장과 끝 문장을 늘 염두에 두고 있다면, 과거(첫 문장)를 반면교사 삼아 더 나아갈 수 있고, 곧 만날 미래(끝 문장)를 꿈꾸며 지치고 힘들어도 또한 더 나아갈 수 있다.

나의 첫 문장은 '아무것도 할 수 없으니 아무것도 하지 않고 살았다'이다. 그리고 끝 문장은 매 순간 바뀐다. 북테크를 시작할 당시에는 '돈을 많이 벌어서 스스로 당당해지고, 아이들에게도 가난을 대물림하지 않는 삶을 살았다'였지만 지금은 '내가 꿈을 이룬 모습을 보고 또 다른 누군가가 꿈꾸기 시작할 수 있도록, 늘 노력하는 사람, 꿈꾸는 사람으로 살았다'이다. 나중에는 또 어떻게 바뀔지 모르겠다. 어쨌거나 달라지지 않을 한 가지는, 나는 끝없이 꿈을 꿀 것이며 그렇게 마지막 문장을 멋지게 완성하도록 애쓸 것이라는 사실이다.

'나는 꿈이 없는데……',
'이제 와서 무슨……'

↳ **굳어버린 심장을 다시 뛰게 할, 세상의 모든 꿈과 조우하는 법**

사실 강사가 되고 싶다는 꿈을 처음으로 품게 된 계기는 『김미경의
드림 온』이라는 책이었다. 서점의 베스트셀러 코너에서 우연히 만난
책이었다. 그 책을 쓴 김미경 작가님의 저서가 여러 권 있었는데, 제목
들이 하나같이 인상적이었다. 『꿈이 있는 아내는 늙지 않는다』, 『김미
경의 드림 온』, 『언니의 독설』 등등. 평소 TV를 잘 보지 않기 때문에,
김미경 작가님이 그렇게 유명한 강사인지 몰랐다. 알고 보니 〈김미경
쇼〉라는 자신만의 방송도 가지고 있었고, 우리나라의 오프라 윈프리
같은 사람이었다. 피아노학원 원장 출신 강사라는 이력도 눈에 띄었
다. 전공, 직업과는 연관 없는 자기계발, 꿈에 관한 강의를 하고 있다
는 점에서 매력을 느꼈다. 평범한 주부인 나도 무언가 할 수 있겠다는
희망을 품게 되었다.

'나는 꿈이 없는데…….'

'이제 와서 무슨…….'

이런 생각을 하는 엄마들이 적지 않을 것이다. 살림과 육아에 지쳐 시간을 보내다보면, 젊은 시절 품었던 열정도 꿈도 사그라지기 마련이다. 한번 굳어버린 심장을 다시 뛰게 하기란 결코 쉬운 일이 아니다. 하지만 포기할 필요는 없다. 아무리 차갑게 식어버린 열정도 다시 불타오르게 하는, 세상의 모든 꿈을 아주 쉽게 만날 수 있으니 말이다. 예상했겠지만, 바로 책을 통해서다. 참고가 되었으면 하는 마음에 나를 꿈꾸게 한 책, 내게 꿈을 찾아주고 그것을 이루는 방법을 알려준 몇 권의 책을 소개해보고자 한다.

⇒ '설익은 꿈'은 체하기 십상이다 ⇐

먼저 앞서 이야기했던 『김미경의 드림 온』이다. 내게 강사가 되고 싶다는 꿈을 품게 해준 책인 동시에 꿈을 꾼다는 것, 꿈을 이룬다는 것이 무엇인지에 대해 생각해보게 만든 책이다.

"한 분야에서 제대로 무르익으면 주변 사람들이 먼저 알아본다. 내가 먼저 해보겠다고 나서지 않아도 주위에서 알아서 기회를 준다.

작은 단서를 기워 세상과 거래할 만한 필요충분조건을 갖추는 것이 먼저라는 얘기다. 단지 지금 내가 걸치고 있는 외투가 낡아 보여 갑자기 새 옷을 사고 싶어진 심정으로 꿈을 골라서는 안 된다."

『김미경의 드림 온』에서 특히 와닿았던 부분이다. 과거의 내가 그랬었기 때문이다. '지금 내가 걸치고 있는 외투가 낡아 보여 갑자기 새 옷을 사고 싶어진 심정으로 꿈을 골랐었다'는 말이다. 어떻게 돈을 벌까 매일 머리를 싸매고 고민하던 2009년, 절박한 마음에 사주를 보게 되었다.

"돈 안 벌고 뭐하고 있어? 돈이 많은데?"

"네? 제가 집에서 애만 보는데 무슨 돈이 있어요?"

"그래? 빨리 나가서 돈 벌어. 돈 들어와."

"제가 할 줄 아는 것도 없고, 이제 곧 둘째도 낳아야 하는데요."

"빨리 둘째 낳고 나가서 돈 벌어."

"그럼 뭘 하면 좋을까요?"

"선생님. 상담, 이런 거 하면 좋아."

그 말에 놀랐던 것은, 대학을 다닐 때 교직이수를 해서 정교사 2급 자격증이 있었기 때문이다. 남고로 교생실습도 나갔었는데, 그때 아이들이 얼마나 말을 안 듣던지 늘 고함을 치며 수업하느라 목이 다 쉴 정도였다. 그 이후로 교사는 내 적성이 아니라고 고개를 저었던 나였다. 그런데 사주에 선생님이 있다고 하고, 밖으로 나가면 돈이 들어온 다고 하니, 솔깃했다. 너무 절박하던 시절이라 사주 같은 것에라도 기대고 싶었던 것 같기도 하다.

내가 누구를 잘 가르칠 수 있을까를 생각해보니 그나마 어린아이들은 괜찮을 것 같았다. 내 아이를 키워보니 너무 예쁘고 사랑스러웠기에, 힘들어도 행복하게 일할 수 있을 것 같았다. '어린이집을 해서 돈을 많이 벌 팔자인가' 혼자서 김칫국을 마시며 어린이집 교사를 준비했다. 한 달간 가정 어린이집에서 보육실습을 했는데 생각했던 것과는 너무 달랐다. 커리큘럼대로 되는 게 하나도 없었다. 아이들은 하루 종일 사탕과 캐러멜을 먹으며 여기저기서 각자 놀았다. 영양교사가 없어서 내가 직접 점심을 만들기도 했다. 아이들을 보살피기는커녕 장난감을 치우고 설거지를 하기에도 시간이 모자랐다. 세탁기가 없어서 손빨래도 해야 했다. 정말 상상 초월인 곳이어서, 기존에 근무하고 있던 선생님들도 모두 그만둘 계획을 세우고 있었다.

아이들을 보살핀다는 보람을 느낄 수 없는 곳인 데다가 일도 힘들고, 급여도 적었다. 이 돈을 벌어서 언제 부자가 되나 싶었다. 차라리 우리집 살림이나 잘하면서, 내 아이나 잘 키워야겠다는 생각이 들었다. 보육교사 자격증을 취득하느라 수백만원의 등록금을 쓴 게 아까웠지만, 눈물을 머금고 그만뒀다. 돈 되는 일이라면 아무거나 빨리 해볼까 하는 욕심이 부른 참사였다.

『김미경의 드림 온』을 읽으며 이 책을 좀더 일찍 만났다면, 과거 그런 어리석은 실수는 하지 않았겠다는 아쉬움이 들었다. 책에서 강조하듯 한 분야에서 무르익길 기다리는 것, 즉 나의 조건을 먼저 갖추는 것이 중요하다. '설익은 꿈'은 체하기 십상인 것이다. 그러니 이렇게 생각해보는 건 어떨까. 지금 나는 제자리에 머무른 채 도태되고 있는 게 아니라 꿈을 농익게 하는 중이라고. '이제 와서 무슨……'이 아니라 '이제가 됐으니 비로소!'인 순간이 찾아올 거라고.

⋟'희망과 열정의 증거들'을 만나다⋞

김미경 작가님의 책을 읽고 나서부터는 성공한 여성들의 책을 읽어야겠다는 생각이 들었다. 이전까지 저자라고 하면 너무 멀고 대단한 사람처럼만 느껴졌는데, 같은 여자여서 그런지 뭔가 동질감이 느껴지면서 책에 훨씬 더 몰입할 수 있었기 때문이다. 그러다 만나게 된 책이 김수영 작가님의 『당신의 꿈은 무엇입니까』였다. 김수영 작가님은 실업계 고등학생 최초로 〈도전 골든벨〉에서 골든벨을 울린 학생으로 유명한 인물이다.

그녀는 어려운 가정형편에 엇나가 중학교 시절에는 가출도 하고 오토바이도 타고 다녔다. 실업계 고등학교도 간신히 입학했는데, 집을 벗어나야겠다는 일념으로 서울에 있는 대학에 가기 위해 미친듯이 공부했고, 수능을 앞둔 막판 석 달동안 성적을 140점이나 올렸다. 이후 연세대학교 영문학과에 입학했는데, 돈이 없어서 쉴 새 없이 아르바이트를 하며 지내야 했다. 어려운 환경 속에서도 공부를 포기하지 않은 *끝*에 외국의 좋은 기업에 취업할 수 있었으나, 행복할 일만 남은 것 같았던 20대에 그녀는 암에 걸리고 말았다.

하지만 암도 김수영 작가님을 좌절시키지 못했고 그녀는 이 일을 계기로 자신의 꿈이 무엇인지 다시 한 번 생각해보게 되었다. 그리고 그 꿈을 이루기 위해 전 세계를 여행했다. 정말 드라마틱하면서 열정이 넘치는 그녀의 삶은 동경하지 않을 수 없었다. 사실 이 책을 읽었을 때 나는 아이를 키우는 주부였기 때문에 마냥 부럽기만 했다. 꿈을 이루고자 전 세계를 자유롭게 여행하는 것이 가장 부러웠다.

"내 꿈을 자주 이야기하다보면 그것이 전해지고 전해져서 내 꿈을 이루는 데 도움을 줄 수 있는 누군가와 연결될 수도 있다. 나는 안다. 이 아이들이 거칠고 사나운 이유를. 이들은 남들보다 더 약하고 불안한 자기 자신을 숨기려고 일부러 센 척한다는 것을. 나 역시 그랬다. 그때 내가 간절히 바랐던 것은 괜찮다고, 다 그렇게 크는 거라는 위안의 한마디였다. 내가 선택한 삶을 살 수 있다는 것은 얼마나 감사한 일인가."

그녀의 용기 있는 삶은 현재를 고통스럽게 살고 있는 많은 이들의 희망이 되었다. 말도 안 되는 것 같아 보이는 버킷리스트를 적고 하나하나 실행해가는 그녀의 삶이, 나도 할 수 있겠다는 희망을 주었다. 더불어 부족한 나의 경험이 누군가에게 희망이 되지 않을까, 하는 생각을 더욱 확고히 하게 되었다. 이는 끊임없이 책을 읽으며 경제를 공부하는 원동력이 되었다. 내가 잘 배워야 나눌 수 있다는 생각에서였다.

그렇게 책으로 꿈을 꾸며 더 열심히 재테크를 공부하던 중 서점에서 빨간 드레스를 입은 여자가 통장을 들고 있는 모습이 담긴 표지를 발견했다. '얼마나 자신 있기에, 자기 전신사진을 표지에 걸어놨을까?' 싶었다. 성선화 기자님이 쓴 『월세의 여왕』이란 책이었다. 이화여대 언론정보학과를 졸업한 그녀는 〈한국경제〉 입사 후 부동산을 공부하기 위해 다시 건국대 부동산대학원을 다녔을 정도로 열정적인 사람이다. 게다가 엄청난 짠순이로 방송에도 많이 출연했다. 많은 부자들과 투자자들을 만나면서, 그저 듣는 데 그치지 않고 꼭 직접 투자를 해본 '인간 호기심 천국'이기도 하다.

『월세의 여왕』은 저자가 회사에서 어려운 일을 겪고 업무가 줄어드는 대신 시간 여유가 생겼는데, 이 시기 동안 월세를 만드는 프로젝트를 진행했던 경험을 담고 있는 책이다. 그야말로 '위기'를 '기회'로 이용했달까. 천원짜리 빵으로 식사를 대신하고, 가급적이면 운동화를 신고 걸어다녔다고 한다. 그녀는 이렇게 지독히 아껴서 3개월 만에 종잣돈 천만원을 마련했고, 저축만으로는 부자가 될 수 없다는 생각에 대출이라는 레버리지를 이용해 지방 곳곳을 다니며 소액으로 아파트에 투자했다. 사실 미혼이고 소득이 높은 사람은 재테크를 하는 데 훨씬 유리하다. 소비에 휩쓸리지 않고 정신만 똑바로 차린다면 말이다. 성신화 기자님은 젊었을 때 흥청망청 쓰지 말고 저축하고, 주식이나 부동산을 꾸준히 공부하여 투자할 것을 강조한다.

이 책은 부동산 투자서 중 두께가 두껍기로 손꼽히지 않을까 싶은데, 그만큼 그녀의 노력은 엄청났다. 서울 수도권을 비롯해, 강원도, 전라도까지 임장을 다니며 경매까지 한 그녀의 도전이 너무 대단하게 느껴졌다. 이미 『빌딩부자들』이라는 책으로 베스트셀러 작가가 되었고, 경제 전문기자로 실력도 인정받은 그녀였다. 그런데도 계속 열정을 불태우는 모습을 보며, 나도 좀더 분발해야겠다는 생각이 절로 들었다.

『김미경의 드림 온』, 『당신의 꿈은 무엇입니까』, 『월세의 여왕』, 이 세 권은 저자의 이력도 제각각이고 분야도 다르다. 하지만 뚜렷한 공통점이 있다. 세 명의 저자 모두 누구보다 뜨겁게 꿈꾸며, 그 꿈을 이루고자 누구보다 열심히 뛰었다는 사실이다. 그 이야기를 듣는 것만으로 메마른 심장에 불을 지필 수 있을 것이다. 그들의 열정이 너무 뜨겁고, 그들이 전하는 희망이 너무 밝아서, 저절로 그렇게 될 수밖에 없다.

⟩ '완전히' 중단된 게 아니라 '한동안만' 멈춘 것뿐이라고 ⟨

'경단녀(경력단절녀)'라는 말을 유행처럼 쓰는 요즘이다. 사실 이 단어를 그리 좋아하지 않는다. '단절'이라는 말이 주는 어감이 정말 이제는 아무런 가능성도 없는 것 같다는 잔인한 느낌을 주기 때문이다. 세상과, 사람과, 꿈과 끊어져버렸다는 암울한 인상을 주기 때문이다. 짧은 직장생활이긴 했지만 은행을 관두고 집에 있을 때 내가 느꼈던 감정이 바로 이런 것이었다. '경단녀'가 된 나는 이제 살림과 육아 외에 다른 것은 할 수 없을 거라고, 할 수 없다고 생각했다.

돈도 없고 자신감까지 덩달아 상실했던 때였다. 내 집 마련도 해야 하고, 아이들 교육도 시켜야 하고, 아이들 결혼시킬 자금과 노후자금도 준비해야 하는데, 아무리 아껴도 턱없이 부족했다. 그러다 책을 읽었다. 꿈을 이룬 여성들의 책을 읽었고, 경매나 부동산 투자를 했다는 주부들의 책도 읽었다. 그러면서 조금씩 '단절'된 것들이 '복구'되었다. 새로운 꿈을 꾸게 되었고, 나처럼 꿈꾸는 사람들을 만났으며, '강사'라는 이름으로 세상에도 나오게 되었다. '경단녀'라는 낙인이 찍힌 채 하염없이 좌절하던 그때의 나에게 들려주고 싶은 이야기가 있다.

인생은 정말 한 권의 책이라고. 지금 당신은 아주 오래 연재되는 글을 쓰고 있는 중이라고. 그런데 열심히 쉬지 않고 쓰다보니 에너지가 고갈됐는지 지치고 잘 써지지 않아 잠시 '휴재기간'을 가진 것뿐이라고. 어쩌면 연재처의 사정 때문일 수도 있고. 어쨌거나 연재가 '완전히' 중단된 게 아니라 '한동안만' 멈춘 것뿐이라고. 당신이 당신 삶의 저자이길 포기하지만 않는다면, 다시금 더 좋은 글을 써서 분명 유종의 미를 거두게 될 거라고.

그때의 나에게, 그리고 그때의 나와 같이 힘겨워하고 있는 누군가에게 꼭 들려주고픈 이야기다.

모든 '독자'는
'예비저자'다

↳ '아무나' 쓸 순 없지만 '누구나' 쓸 수 있는 것이 책

"한국경제신문사입니다. 실례지만 혹시 책을 한번 내보시지 않겠습니까?"

2014년 8월의 어느 날, 내게 날아온 쪽지였다. 수많은 책을 읽으면서 나도 죽기 전에 책 한 권 내볼 수 있으면 좋겠다고 꿈꾸긴 했지만, 이렇게 빨리 연락이 올 줄은 몰랐다. 출판사에서는 '미용실에서 여자들이 가볍게 읽을 수 있는 책'을 쓰자고 콘셉트를 제안했다. 그리고 아주 쉽게, 중학교 2학년도 이해할 수 있는 수준으로 써달라고 했다. 나는 속으로 쾌재를 불렀다. 어렵고 전문적인 내용은 나도 자신이 없었기 때문이다. 내가 이해한 대로, 내가 공부한 대로 쓰면 된다니 '그럼 한번 해볼 만하겠다'는 생각이 들었다.

그런데 첫 책을 쓰면서, 그리고 어쩌면 이것이 마지막 책일지도 모

르는데 한 출판사와 덥석 계약하는 것이 괜찮나 하는 걱정이 들었다. 급한 대로 출간기획서를 만드는 법에 대한 강의를 듣고 기획서를 작성해 여러 출판사에 투고를 해보았다. 출판사들을 저울질해보겠다는 심산은 아니었다. 내가 정말 책을 내도 괜찮은지, '시장의 반응'을 알아보고 싶은 마음이 가장 컸다. 감사하게도 한 달간 약 30곳의 출판사에서 출간 제의가 들어왔다. 고민 끝에 처음 나를 알아봐주고 출간을 의뢰해준 한경BP와 계약을 하게 되었다.

목차, 책 쓰기의 시작이자 모든 것

당연한 것이지만, 책을 쓰는 일은 정말 어려웠다. 목차를 작성하는 것부터 난관이었다. 무슨 이야기를 해야 할지, 감조차 잡히지 않았다. 도서관에 가서 거의 모든 부동산 재테크서의 목차들을 살펴보았다. 그중 내가 쓸 수 있는 주제만 추려서 적고, 그것을 시간대별로 다시 나열했다. 재테크에 대해 잘 모르고 미숙하다가 점점 성장하는 과정을 담는 책이었기에, 시간순으로 이야기하는 것이 좋겠다는 판단이었다.

목차는 사실 책 쓰기의 모든 것이라고 할 수 있을 정도로 중요한데, 건물로 치면 골조 작업과 마찬가지이기 때문이다. 목차를 탄탄하게 잡지 않으면 써나가는 동안 길을 잃고 헤매기 십상이다. 내가 좌충우

돈, 우왕좌왕, 시행착오 끝에 터득한 목차 작성의 노하우를 정리해보면 이렇다. (사실 이 책도 목차만 여러 번 갈아엎었다.)

1. **쓰고픈 내용, 할 수 있는 이야기를 모두 적는다.** 내용 전부를 적을 필요는 없고 한 문장으로 간략히 요약해 적으면 된다.

1-1. 만약 도무지 어떤 이야기를 해야 할지 모르겠다면, 본인이 쓸 분야의 책들을 최대한 많이 찾아보며 그 책들에서 다룬 주제 중 자신이 이야기할 수 있는 것들을 적어본다.

2. 반드시 들어가야 하는 내용, 들어가도 그만 안 들어가도 그만인 내용들을 분류해 **꼭 넣어야 하는 내용만 남긴다.**

3. 살아남은 내용들을 **어떤 순서로 이야기할지 결정한다.** 시간순으로 이야기할 수도 있고, 주제별로 나눠서 이야기할 수도 있다. 책에 따라 다르므로, 그 책의 내용과 메시지를 가장 효과적으로 전달할 수 있는 방법을 고민해야 한다.

우여곡절 끝에 목차를 구성하고 기뻐한 것도 잠시, 집필에 돌입하니 한숨만 나왔다. 모두 내가 경험한 것이고, 공부해서 아는 것인데 막상 글로 옮기자니 왜 그리 힘이 들던지……. 게다가 원고에 집중하는 시간이 길어질수록 육아와 재테크에 소홀해질 수밖에 없었다. 책을 쓰던 2014년 하반기에는 좋은 투자처를 모두 놓쳤다. 하지만 더 큰 문제는 육아였다. 밤에 잠을 자지 못하고 글을 쓰다보니, 낮에 아이들의 요구를 모두 들어주기엔 에너지가 부족했다. 예전처럼 잘 놀아주지 않는 엄마에 대한 아이들의 서운함은 커져갔고, 책을 쓴다고 늘 피곤에 절어 있는 아내에 대한 남편의 불만도 늘어갔다. 하지만 이것이 내게 얼마나 중요한 일인지, 책을 통해 나라는 사람의 가치를 확인하고픈 마음을 충분한 대화를 통해 전한 결과, 어느덧 가족들은 나의 든든한 지원군이자 응원부대가 되어주었다.

2014년 말, 마침내 초고가 완성되었다. 하지만 바로 책이 나오진 못했다. 하고픈 말이 많아서였는지, 욕심이 컸던 건지, 초고는 힘만 잔뜩 들어간 채 핵심 없이 갈팡질팡했다. 출판사에서 초반에 쓴 글을 통으로 버리자고 해서 처음부터 다시 썼었는데 '딱딱하고 재미없다'는 평이 돌아왔다. 안 그래도 책 쓰기에 자신감이 없었는데 그런 평가를 들으니, 정말 내가 책을 써도 되는지 확신이 서지 않았다. 이러지도 저러지도 못한 채 기약 없이 시간이 흘렀다.

한참 후 새로 바뀐 담당자가 내 원고를 뒤늦게 검토했다며 연락이 왔고, 다행히 그분은 원고가 재미있다고 해주셨다. 그렇게 몇 년간 변화된 시세와 내용을 다듬어 2016년 10월에야 드디어 책이 출간되었다.

믿거나 말거나, 베스트셀러의 법칙

좌충우돌 끝에 빛을 본 『나는 마트 대신 부동산에 간다』는 감사하게도 베스트셀러가 되었다. 초보 작가의 책이 베스트셀러가 될 수 있었던 비결을 물어오는 분들이 많았는데, 사실 나로서도 너무 뜻밖이고 얼떨떨한 일이라 제대로 된 답변을 하지 못했다. 이번에 책을 쓰면서 곰곰이 생각해봤는데, 아마도 이런 이유가 아닐까 싶다. 내 삶이라는 혼자만의 책을 열심히 써나가다가, 그 이야기를 다른 사람들과 나누고픈 마음이 든 사람들에게 조금이라도 도움이 될까 싶어 정리해본다. '믿거나 말거나, 베스트셀러의 법칙'이라고 이름 붙여보았는데, '믿거나 말거나 알아서 하세요'라는 의미는 결코 아니고, 감히 '베스트셀러의 법칙'이라고 하자니 쑥스러워 애교를 조금 섞어본 것이다.

첫째, 혼자서는 멀리 갈 수 없다.

'빨리 가려면 혼자 가고, 멀리 가려면 함께 가라'라는 말이 있다. 책을 낸 이후 이 말의 위력을 다시금 실감했다. 도와주는 지인들이 많았기에 초보 작가의 책을 널리 알릴 수 있었다는 뜻이다. 2013년부터 블로그와 방송을 시작했고, 2014년 강의도 진행했기에, 파워블로거, 강사, 작가들과 인연을 맺을 수 있었다. 추천사를 써준 분들 모두 큰 커뮤니티를 가지고 있거나 막강한 팬덤을 형성하고 있었다. 그분들의 도움이 없었다면 베스트셀러는 언감생심이었을 것이다.

'짠돌이' 카페와 '맞벌이 부부 10년에 10억 모으기' 카페는 회원수만 약 80만 명에 달하는 국내 최고의 대형 카페다. 육아 전문 커뮤니티 '푸름이닷컴'은 40만 명의 회원을 보유하고 있다. 모두 10년 이상된 커뮤니티라는 공통점이 있는데, 나 또한 이곳들에서 10년 이상 활동했다. 즉 어떤 목적하에 맺은 인연이 아니고 오래도록 이어온 인연이었기에, 그분들도 마음을 다해 나를 도와주셨던 것이라 생각한다. 모두 적극적으로 내 책을 홍보하는 데 힘써주셨고, 덕분에 초보 작가의 책이 많은 분들에게 알려질 수 있었다.

둘째, 온라인 인지도가 중요하다.

짠돌이 까페 시절부터 썼던 '복부인'이라는 닉네임이 꽤 임팩트 있었다. 덕분에 나를 기억하는 사람이 너무나도 많았다. '복부인'이라는 단어를 검색하면, 내 블로그가 가장 상위에 노출되었고 방송 출연 영상이나 인터뷰 기사도 바로 볼 수 있었다. 처음부터 의도했던 것은 아니지만 한번 썼던 닉네임을 좋든 싫든 계속 사용하면서, 나를 대표하는 이름이 되었다. 나만 쓸 수 있는 고유명사가 아님에도 말이다. 하지만 앞서 말했듯 이 단어의 부정적 의미로 인해, 오래 쓸 것은 아니라는 생각이 들었고 올해부터는 실명으로 활동하고 있다.

셋째, 사람들은 '보랏빛 소'에 관심을 갖는다.

마케팅 전문가 세스 고딘의 『보랏빛 소가 온다』라는 책이 있다. 사람들은 들판에 있는 소들에 관심이 없지만, 만약 그중 보랏빛 소가 있다면 누구나 큰 눈을 뜨고 보게 되며, 자신이 본 것을 사람들에게 마구 알린다는 것으로, '차별화'의 중요성을 이야기하는 책이다. 나의 경우 부동산 관련 학위는 없지만, 오히려 그래서, 게다가 아들 셋까지 키우는 전업맘이라는 점에서 차별화가 가능했던 것 같다. 서른네 살이라는 젊은 나이도 한몫을 했고 말이다. 사실 책을 내기에 너무 이른 것이 아닌가 하는 걱정이 있었다. 좀더 나이들고 연륜이 쌓인 후에 쓰는 게 좋지 않을까, 고민하기도 했다. (이 책도 그런 측면에서 보자면 조금 이른 책이다. 독서를 통해 성장한 것은 분명하지만, 독서의 고수가 되려면 아직 멀었기 때문이다.)

그럼에도 책을 냈던 이유는 『손자병법』에 나온 "전쟁을 오래 끄는 것보다 차라리 졸속이 낫다"라는 말 때문이었다. 졸작이더라도 좀더 일찍 내는 게 나을 것 같았다는 뜻이다. 나이가 들면 들수록 어려웠던 시절의 나를 잊어버릴까봐 두려웠다. 그럼 밥벌이의 고단함과 팍팍한 삶의 비루함을 공감하지도 못한 채 '이렇게 해야 한다, 저렇게 해야 한다' 설교만 하게 될 것 같았다. 조금 부족해도 지금 당장 내가 나눌 수 있는 이야기를 진솔하게 쓰고자 마음먹었는데, 그 부족함이 오히려 나를 '보랏빛 소'로 만들어주지 않았나 싶다.

넷째, 누구나 이해할 수 있는 수준의 책이되, '진실의 수준'은 하염없이 높아야 한다.

방송과 강의를 하면서 세운 '진실될 것'이란 철칙은 당연히 책에도 적용되었다. 부동산 고수처럼 보이기 위해 없는 이야기를 지어서 하거나, 어려운 이야기를 풀어내지 않았다. '못 알아듣겠죠? 이런 수준은 어렵죠? 그러니 내 강의를 들으러 오세요'라는 식으로 독자를 기죽이는 일은 하고 싶지 않았다. 그럴 내공도 못 되었고 말이다.

또 내가 팔지 않은 부동산, 즉 보유하고 있는 부동산에 대해서는 함부로 노출하지 않았다. 초보자들은 내가 가진 부동산이 좋아 보여 엉뚱한 타이밍에 진입할 수 있고, 그러면 내 자산에 투기수요를 만들어 가격이 오르는 그릇된 이득을 취할 수 있기 때문이었다. 그래서 이미 매도해서 수익이 완결된 부동산만 오픈했다. 또 가급적이면 초보 때 했던 어설픈 투자사례를 많이 소개했는데, 투자의 위험성과 거기서 배울 수 있는 교훈을 공유하고 싶었기 때문이다. 처음부터 무리하게 투자하거나 과욕을 부리면 위험하다. 1천만원으로 3천만원 버는 법을 배우고, 5천만원으로 1억 버는 법을 배우는 식으로 차근차근 나아가야 한다고 믿는다. 심적으로 발가벗겨진 기분이 들 만큼 있는 그대로의 나를 보여드리고 솔직하게 이야기를 풀어갔는데, 그것이 책에 대한 신뢰도를 높이지 않았나 싶다.

다섯째, 좋은 파트너를 만나는 것이 중요하다.

출판사에서 부족한 원고를 편집하고 교정하면서, 원석 같던 원고가 보석으로 변신할 수 있었다. 출판사는 마케팅과 홍보에도 투자를 아끼지 않았다. 〈한국경제〉 신문에 내 얼굴이 대문짝만하게 실렸고, 서점에 가면 벽면에 내 사진이 걸려 있었다. 아파트 엘리베이터 안 작은 모니터에도 내 책 광고가 나왔다. 책도 잘 만들어주고 홍보도 잘해주는 출판사를 만나는 것이 중요하다. 초보 작가일수록 더더욱 그렇다.

과연 내가 책을 내도 될까 고민할 때, 어떤 분이 이런 말씀을 해주셨다. 책은 '아무나' 낼 순 없지만, '누구나' 낼 수 있다고. 그 말을 그대로 들려드리고 싶다. 자신의 삶을 열심히 꾸려온, 그래서 자신만의 책을 정성껏 써온 사람이라면 책을 낼 자격이 충분하다고. 나는 지금 이 책을 읽고 있는 모든 독자분이 예비저자라고 믿어 의심치 않는다.

작가가 되니 무엇이 좋으냐고 물으면, 나는 주저 없이 '작가들을 만나는 것'이라고 대답할 것이다. 원래도 몇몇 작가님들과 소통하고 있었지만, 책을 내고 나니 평소 존경했던 많은 작가님들과 인연이 닿았다. 롤모델이었던 작가님과 책 이야기를 하고 인생에 관한 조언을 구할 수 있다는 것이 정말 꿈만 같았다. 오프라인에서뿐 아니라 온라인에서도 많은 인연이 맺어졌다. 나는 작가가 된 이후에도 변함없이 책을 읽고 블로그에 서평을 썼다. 그러자 놀라운 일들이 일어났다. 내가 읽은 책의 저자들이 간혹 댓글을 달아주는 거였다. 한 번도 만난 적 없는 사람들끼리 서로의 책을 통해 알게 되는 기적이 일어났다. 언젠가 지금 이 글을 읽고 있는 바로 당신과도, 그렇게 기적처럼 만날 수 있기를 간절히 바라고 또 바란다.

⸲작가의 수지, 김유라의 수지⸲

많은 사람들이 궁금해 한다. 작가가 되면 얼마나 돈을 버는지. 글을 쓰는 작가가 돈 이야기를 꺼내는 것은 고상하지 않다는 생각이 있었는데 『작가의 수지』라는 책을 읽고 생각이 완전히 바뀌었다. 정원에 철도를 만들어 지인들이 오면 집안에서 열차를 탄다는 베스트셀러 작가 모리 히로시의 책이었다.

저자는 자신의 수입과 지출을 데이터로 제시하며, 작가가 글을 얼마에 팔 수 있는지 등을 적나라하게 말하는데, 그야말로 큰 충격이었다. '이렇게까지 모든 것을 오픈하다니' 싶어서였다. 하지만 감동적이기도 했다. 역시 '이렇게까지 모든 것을 오픈하다니' 싶어서였다. 사실 정말 글을 쓰고 싶고 책을 사랑해서 직업작가를 꿈꾸는 사람이라도 '수입'은 무시할 수 없는 요소일 것이다. 작가이기 전에 사람으로서, 먹고살려면 돈이 필요하니까 말이다. 그래서 조금 민망하지만 나도 '김유라의 수지'에 대해서 솔직하게 이야기해볼까 한다. 작가가 되고 가장 좋은 것은 '작가들을 만나는 것'이지만, 책을 통한 수입 역시 작가가 돼서 좋은 점이기 때문이다.

2016년 10월 말 『나는 마트 대신 부동산에 간다』의 초판을 발행했고, 이 책은 2017년 온라인서점 예스24의 경제경영 분야 '올해의 책' 후보에 올랐을 정도로 인기를 끌었다. 2018년 9월 현재 시점에는 20쇄를 찍었고 약 6만부 정도를 발행했다고 한다. 인세는 정가의 10퍼센트를 받기로 했으니 대략 7천만원 이상 받을 예정이다.

내가 10년간 책을 몇 시간이나 읽었을까? 하루에 1시간을 읽었다고 가정하면 3650시간 정도 된다. 지금에 와서 돌아보니, 그때 투자한 시간을 한 시간에 약 2만원이라고 셈해서 10년 후 인세로 캐시백을 받은 것 같다. 책을 읽는 시간이 없었다면 책을 쓰는 결과도 없었을 것이다. 3650시간의 독서는 10년 후에 받기로 약속한 시급 2만원의 고수익 부업이나 다름없었다. 그때는 몰랐는데 지나고 보니 그렇다.

책을 낸 이후의 세상이 어떤 것인지 듣지도 경험하지도 못했기 때문에 처음에는 꽤 당황스러웠다. 정말 많은 곳에서 강의 요청이 왔고 하루에 2개에서 많게는 3개씩 강의를 한 적도 있었다. 그것도 서울 - 부산이나 아니면, 가깝게 맞춘다고 부산 - 울산 - 대구 이런 식으로 했다. 강연료는 기관에 따라 천차만별이지만 보통 마트 문화센터가 가장 적은데 대략 15만원에서 많으면 30만원까지 받았다. 그래도 문화센터에서 강연을 하면 계절학기 안내지에 책이 실릴 수 있어 홍보 효과가 있었다. 백화점은 그보다 더 나아서 50만원에서 100만원까지도 받았다. 도서관이나 구청 등 공공기관에서 하는 행사를 가게 되면 최대 50만원 정도를 받는데 생각 외로 반응이 좋아서 개인적으로 공공기관 강의를 좋아한다.

사기업은 강연료가 가장 높은 편이다. 최대 300만원을 받아보았다. 물론 아무리 많은 돈을 주어도 강연의 취지가 나와 맞지 않으면 가지 않는다. 한번은 미분양된 상가 분양팀에서 얼마를 원하시냐며 연락이 온 적이 있었는데 "제가 강의 중 테마상가는 사지 말라고 얘기할 건데 괜찮으세요?"라고 물었더니 다신 연락이 오지 않았다.

2017년 한 해 동안 종합소득세를 신고해보니 인세와 강연료 소득이 1억 3천만원이 넘었다. 엄청난 금액이다. 어떻게 그 큰돈을 벌었느냐면 역시 그저 책을 읽었을 뿐이다. 나는 책을 보고 부자가 될 수 있다고 순진하게 믿었다. 그럴 수밖에 없었던 것이 다른 방법이 없었다. 돈을 벌 수 있는 나의 능력에 한계가 있었고, 어린아이들을 양육해야 하는 상황이었다. 책을 읽어서 부자가 되는 가장 확실한 방법은, 부자가 될 때까지 책을 읽는 것이라고 생각했다. 어떻게 보면 무식하고 맹목적이어서 여기까지 올 수 있었던 것 같다.

내 삶의 변화에서 본질은 '책'이었다

『나는 마트 대신 부동산에 간다』가 베스트셀러에 오른 후, 많은 출판사들로부터 지속적인 연락이 왔다. 얼마의 인세를 원하시냐며, 믿기지 않게 백지수표를 제시한 출판사도 있었고 대필작가를 붙여줄 테니 이런 주제로 빠르게 작업해보자는 출판사도 있었다. 하지만 마음이 동하지 않았다. 책으로 큰돈을 번 것은 사실이나, 책을 쓰는 이유는 돈을 벌기 위해서가 아니었기 때문이다. 책을 쓰는 것은 나 스스로에 대한 투자의 일환이었고, 다른 사람들과 지식과 정보, 그리고 부끄러운 시행착오마저 나누는 과정이었다. 다른 이유로는 별로 책을 쓰고 싶지 않았다. 그러던 찰나 '차이정원'을 만나게 되었다.

평범한 주부의 독서 이야기에 대해 책을 써보자고 하는 의견을 주셨는데 정말 너무 감사했다. 그 어떤 출판사도 독서를 주제로 책을 쓰자고 한 적이 없었기 때문이다. 책보다는 스마트폰을 보는 시대가 되었기 때문에 출판시장이 점점 작아지고 있었다. 그런데도 '책' 이야기를 해보자는 말씀에 감동을 받았다. 나는 늘 이렇게 믿어왔다.

책을 읽으면 부가 따라온다. 물질적 부이고, 정신적 부다.
그래서 책을 읽으면 누구나 행복과 풍요를 누릴 수 있다.
인생을 바꿀 수 있다.

내 삶의 변화에서 본질은 책이었기에, 그 이야기를 정말 하고 싶었다. 그래서 이렇게 책을 쓰고 있는데, 과연 제대로 잘 전달하고 있는지 걱정이 든다. (부디, 다들 재미있고 유익하게 읽고 계신 중이기를!) 어쨌든 많은 출판사들을 만나 책에 대한 다양한 아이디어를 나누면서 깨달은 것이 한 가지 있다.

　'세상에는 작가 김유라에게 기대하는 책의 주제가 이렇게 많구나.'

　모두 내가 그것을 잘할 수 있다고 기대하고 있었다. 이제 부동산이 아닌 나 스스로에게 투자하겠다고 결심하고, 방송인으로 강사로 열심히 뛴 보상이라는 생각이 들었다. 남이 기대하는 만큼, 아니 그 이상을 내가 내게 기대해야겠다고 마음먹었다. 36년 동안 한 번도 해보지 못했던 것, '나에게 기대하는 일'을 하기 시작했다. 글을 쓰면서 서서히 나를 더 사랑하고 인정하는 법을 배우게 되었다. 참 부족하고 가진 것 없고 보잘것없는 사람이라 스스로를 미워하고 원망하며 산 적도 있었는데, 이 변화야말로 북테크가 안겨준 진정한 기적이 아닐까 싶다.

　내가 나를 사랑하기로 한 것, 내가 나를 사랑하게 된 것 말이다.

아파트 부자?
아니, 사람 부자!

↳ **때로 책은 '인연의 오작교'가 되어준다**

책이 내게 준 선물은 너무나도 많지만, 그중 가장 귀하고 소중한 것이라면 '인연'을 꼽고 싶다. 2014년 『돈이 모이는 생활의 법칙』이라는 책을 내고 나서 MBC 〈경제매거진〉을 촬영하고 있을 때였다. '이데일리 기자 성선화입니다. 인터뷰를 하고 싶은데 언제 시간이 되시나요?'라는 문자 메시지가 날아왔다. 방송을 촬영하느라 녹초가 된 상태에서 문자를 확인해, 답을 하지 않고 있었다. 그런데 갑자기 머릿속이 바삐 움직였다.

'잠깐만, 성선화? 성선화? 어디서 많이 들어본 이름인데…… 혹시 월세의 여왕?'

녹화 중간 휴식시간에 바로 검색에 들어갔다. 〈한국경제〉 기자로 알고 있었는데 그간 〈이데일리〉로 이직을 해 있었다. '어머나. 내가 제일 좋아하는 재테크 작가님이잖아!' 이게 웬일인가 싶어 당장 전화를 걸고 인터뷰 약속을 잡았다.

첫 만남은 대방역의 어느 커피숍이었다. 당시 서른두 살이었던 내가 아들 셋의 엄마라는 점이 그녀를 놀라게 했던 것 같다. 또 적은 월급을 모아서 여기저기 직접 발품을 팔며 부동산 투자를 하고 셀프 인테리어까지 한 경험이 그녀의 마음을 열었던 모양이다. 그녀도 힘들게 종잣돈을 모아 부동산 투자를 했기에 내가 겪었던 어려움 등에 대해 쉽게 이해하는 것 같았다. 만나자마자 기자님은 자신의 고민을 털어놓기 시작했는데 두세 시간이 쏜살같이 흘러갔다. 마치 오랫동안 알고 지낸 사이인 듯, 우리는 서로의 사정을 헤아리며 서로의 고민에 귀를 기울였다.

꿈에서도 만날 수 있을 거라고 생각하지 못했던 성선화 기자님을 직접 만나게 된 것은 모두 책 덕분이었다. 내가 책을 읽고 그녀를 알게 되었듯이, 그녀도 책을 읽고 나를 알게 되었다. 책이 우리를 소개해주고 연결해준 것이다. 그야말로 '운명적 만남'이었다.

단 하나의 공통점, 모두 책을 사랑했다

사실 북테크를 시작하고 나는 운명을 믿게 되었다. '아, 이 책은 운

멍이다' 싶을 만큼 감동적인 책을 많이 민났기 때문이다. 도시관의 이 많은 책 중 하필 이 책이 내 손에 온 것이 과연 우연일까 싶었다. 도서관과 서점은 누구에게나 개방되어 있는데 그 책이 나를 만나고, 내가 그 책을 만난 것은 얼마나 깊은 인연이란 말인가! 그런데 이제는 운명 같은 책의 저자까지 만나게 되었다. 이런 경험이 있기 전에는 내가 좋아하는 작가를 우연히라도 만날 수 있다는 생각을 전혀 하지 못했다. 하지만 이후부터는 어떻게든 직접 만나보고자 노력했다. 책이 맺어준 인연의 사람을 만나는 일이 얼마나 기쁘고 행복한 일인지 알게 되었기 때문이다.

강의를 하는 경우는 강의장에 찾아가서 만났고, 강의를 하지 않는 경우는 이메일을 보내서 만나자고 요청한 적도 있다. 한번은 어느 책을 읽고 깊은 감명을 받았다. 저자의 블로그에 들어가서 밤을 새우다시피 하여 모든 글을 다 읽었다. 굉장히 철학적인 글들이 많아 시간 가는 줄 몰랐다. 나보다 나이가 훨씬 어린 20대 작가님이었는데 비범한 분이라는 느낌이 단번에 들었다. 강의도 안 하고 자유로운 분이라 만나자고 해도 안 만나줄 것 같아 망설여졌다. 거절당하면 어떡하나 싶었지만 용기내어 메일을 보냈다. 책이나 블로그를 통해 얻은 느낌은 '간결한 것을 좋아한다'는 것이었다. 그래서 메일도 최대한 간결하게 보내기로 했다.

✎ ✉ 🗑 ....

대전에서 아이 셋을 키우고 있는 서른세 살 주부 김유라라고 합니다.

책을 읽고 깊은 감명을 받아 꼭 한번 만나뵙고 싶습니다.

부동산 투자에 대해서 물어보려고 하는 것은 아닙니다.

시간과 장소를 정해주시면 어디든지 제가 그쪽으로 가겠습니다.

그렇게 그와 2015년 9월 만나게 되었고, 정말 많은 대화를 나누었다. 만나자마자 내가 누구인지 뭐하는 사람인지는 묻지도 않고, 굉장히 철학적인 이야기를 많이 해주셨다. 그러다 어떤 책 이야기가 나왔는데 "혹시 그 책 아버지가 물려주신 거예요?"라고 내가 물었다. 작가님이 깜짝 놀라며 어떻게 알았냐고 하셨는데 "그냥 그런 생각이 들어서요"라고 대답했다. 더 놀라운 일은, 식사를 마치고 헤어질 무렵 작가님이 내게 선물을 잔뜩 주셨는데 그 안에 그 책이 들어 있었다는 것이다.

"제가 읽은 책과 같은 걸 구하고 싶었는데 절판이 되어서…… 최대한 비슷한 걸 구해서 넣었어요."

자신이 그 책을 준비해왔는데 내가 그에 대해 물어서 더 놀랐다고 하셨다. 모든 연결고리가 처음부터 끝까지 '책'이었다는 점에서 의미가 있었다. 참고로 이 작가님은 대학이 필요 없어서 가지 않았다고 한다. 내게 선물해준 책은 그가 여덟 살 때 처음 읽었던 철학서적이었다.

누구나 좋은 인간관계를 맺고 싶어 한다. 나 또한 그랬다. 하지만 지방에 살고 있는 아이 셋 전업맘이 혈연, 지연, 학연 하나도 없이 좋은 인연을 맺기란 쉽지 않았다. 그런데 이제는 수많은 사람들이 내 옆에 있다. 사람들은 나를 '아파트 부자'라고 부르지만, 나는 스스로를 '사람 부자'라고 하는 것을 더 좋아한다. 그것이 훨씬 자랑스럽고 말이다.

사람 부자가 될 수 있었던 이유는 내가 예뻐서도 아니고 돈이 많아서도 아니다. 언제나 책을 열심히 읽었기 때문이다. 우리에게 단 하나의 공통점이 있다면 모두 책을 사랑했다는 것이다. 만나면 책을 이야기하고, 좋은 책이 있으면 서로 추천해주었다. 고민이 있으면 언제나 같이 나누었다. 독서로 사색과 통찰을 하는 사람들과 고민을 나누면, 너무나도 빠르고 명쾌하게 해결되었다. 책을 소개하고 책을 이야기하고 책에서 배운 것을 나누는 데는, 돈이 들지도 않고 손해보는 사람도 없었다. 이렇게 무한하게 좋은 것을 나눌 수 있는 도구가 세상에 또 있을까? 내게 책은 좋은 인연을 맺어주는 오작교였던 셈이다.

좋은 사람을 만나려면, 먼저 '좋은 사람'이 되어야 한다

부동산 투자에서 나에 대한 투자로 바꾸었더니, 어느덧 투자대상은 사람으로까지 확대되었다. 전략적으로 인연은 맺은 것은 분명 아니나,

좋은 사람들을 만나기 위해 나름 노력을 기울이기는 했다. 그 방법을 몇 가지 정리해본다.

첫째, 좋은 글을 쓰는 사람을 찾았다.

책을 내진 않았지만 좋은 글을 쓰는 사람이 많았다. 특히 다음 카페 '맞벌이 부부 10년에 10억 모으기'는 매번 베스트글이 따로 올라오는데 유익한 글이 정말 많았다. '아파테이아', '김공인', '청울림' 님을 비롯하여 많은 분들이 이 카페를 통해 글이 알려지고 책을 내게 되었는데, 나는 출간 전부터 깊은 관심을 갖고 그분들의 글을 계속 찾아 읽고 있었다. 책을 지속적으로 읽다보니, 좋은 글을 쓰는 사람들이 저절로 눈에 들어올 수 있었던 것 같다.

둘째, 좋은 글을 쓴 사람의 강의를 들으러 다녔다.

내 마음에 와닿는 글, 나에게 필요한 이야기를 해주는 사람의 강의를 들으러 다녔다. 강의를 듣기 시작한 것은 2012년부터였다. 토지 투자는 책을 읽어도 투자를 하기가 쉽지 않아 멀리까지 강의를 들으러 다녔고, 마음에 드는 강사가 있으면 커뮤니티에 가입해 하루종일 글을 쓰고 댓글을 달았다. 그러면 하나라도 더 배울 수 있었고, 그러면서 그와 조금이라도 더 친해질 수 있었다.

셋째, 상대방의 성공을 위해 노력했다.

내가 존경하고 좋아하는 사람이 있으면 더 잘될 수 있도록 함께 힘썼다. 예를 들어 마케팅책을 보고 좋은 홍보팁이 있으면 꼭 그 사람에게 알려주었다. 내가 알고 있는 지식과 재능을 온 마음을 다해 쏟으면 상대방도 알아준다. 그렇게 하는 사람이 많지 않기 때문이다. 얻기 이전에 주는 사람이 되려고 했다. 나는 타인의 성공을 진심으로 기뻐할 줄 아는 인생은 축복받았다고 생각한다. 그만큼 스스로의 삶에 자신이 있다는 것이고, 마음의 그릇이 넉넉하다는 뜻이기 때문이다. 그래서 나도 타인의 성공을 진심으로 돕고, 그 성공에 거짓 없이 기뻐하고자 애썼다.

넷째, 나도 함께 성장하고자 노력했다.

성공한 사람에게는 특별한 에너지가 있다. 이것은 사실 돈이 많고 적음과 무관하다. (대부분은 돈이 많긴 하지만, 돈이 많아서 성공했다기보다 특별한 에너지로 성공해서 돈이 많은 경우가 더 많다.) 좋은 에너지를 가진 사람과 함께하기 위해서는 나도 성장해야 한다. 그래서 사람들을 만나면서도 스스로에 대한 투자를 게을리하지 않았다. 시간이 생기면 책 한 권을 더 읽고, 생각 한 번을 더 하려고 애썼다. 나는 아이들도 있고 지방에 살아 이동시간도 어마어마하기에, 꼭 직접 누군가를 만나려 하기보다 온라인으로라도 계속 연을 이어가며 나의 성장에 힘썼다.

하지만 이 모든 노력에 앞서 중요한 것은 스스로 '좋은 사람'이 되는 것이다. 나는 인간관계로 힘들 때마다 책을 읽으며 '내가 이런 부분이 부족했구나' 하고 반성한다. 결국에는 상대방을 바꿀 수 없으니 내가 바뀌는 편이 나았다. 내가 먼저 좋은 사람이 되면 좋은 사람이 저절로 모인다. 내가 타인에게 조건을 걸지 않고 존재 자체로 사랑하면 상대방도 나를 그렇게 대해준다. 스스로의 성장에 투자하면, 사람은 자연스럽게 따라오기 마련이다. 카네기의 『데일 카네기 인간관계론』에서 가장 좋아하는 구절이 떠오른다. 누가복음에 나오는 문장을 인용한 것이다.

"남에게 대접을 받고자 하는 대로 너희도 남을 대접하라."

사람 부자를 만드는
'인간관계 7법칙'

↳ 좋은 인간관계를 알려주는 책들

좋은 이야기만 써서 그렇지 사실 나의 인간관계가 그리 성공적인 것만은 당연히 아니다. 인연이 끊기거나 사이가 안 좋은 사람들도 있다는 얘기다. 이런 내가 인간관계를 논해도 될까라는 의문이 있긴 하지만, 그간 좋은 책을 통해 인간관계에 대해 배웠다. 그래서 인간관계 추천도서 3권을 소개하며 이야기를 나눌까 한다.

⸼좋은 인간관계를 알려주는 세 권의 책⸼

먼저 추천하고 싶은 책은 『사교력』이다. 이 책의 저자 다고 아키라는 도쿄대학에서 심리학을 전공한 대학교수다. 겉으로 드러나지 않는 사람의 심리에 기반을 두고 있어 읽으면서 큰 도움이 되었다. 특히 "나의 아군이라고 생각되는 사람은, 그가 어떤 잘못이나 실수를 하더라도 무조건 그의 편을 들어준다", "인간미 넘치는 사람이 되는 것이 사교력의 관건이라면, 성공담보다는 실패담, 실수담을 제공할 줄 아는 사람이 되어야 한다" 같은 문장들이 마음에 와닿았다. 의도적인 것은 아니었으나 내가 어디서든 실패담, 실수담을 숨김없이 들려준 것이 사교력의 관건이 되었다는 사실에 내심 기뻤던 기억이 난다.

다음은 『인생에 가장 중요한 7인을 만나라』이다. 책의 저자 리웨이원은 중국에서 '멘토들의 멘토'로 불리는 컨설팅계의 대가이자, 중국 100만 독자가 열광한 스타저자다. 그래서인지 정말 책을 그대로 베껴 쓰고 싶을 만큼 좋은 구절이 많았다. 일부만 옮겨보면 이렇다.

"좋은 사람을 만나 좋은 에너지를 얻는 것 그리고 자신 또한 그런 사람이 되기 위해 노력하는 것, 이것이 인간관계의 가장 중요한 원칙이다. 그의 부족한 부분은 내가 메우겠다는 자세가 필요하다. 나 역시 완벽하지 않기에 나의 부족한 부분은 또 다른 동료가 메워줄 것이다."

"어느 날 갑자기 자신에게 큰 도움이 되는 '귀인'이 찾아오는 일은 없다. 그보다 먼저 노력하고 본인의 능력을 길러야 한다. 내게 누군가의 도움이 필요한 것과 마찬가지로 누군가도 역시 나의 도움이 필요하다."

이 책을 읽으면서 구절마다 떠오르는 사람들이 있었고, 내가 더욱 잘해야겠다는 생각이 들었다. 무엇보다 "모두에게 좋은 사람이란, 누구에게도 좋은 사람이 아니라는 말이 있다"는 이야기가 의미심장했다. 내가 모든 사람에게 좋은 사람일 필요가 없다는 이야기가 된다. 누가 나를 싫어해도 괜찮다. 그리고 어떤 사람이 평이 안 좋아도 나에게는 너무 좋은 사람일 수 있다. 나쁜 평가를 받는 사람을 알지도 못하면서 배척할 필요는 없다. 이 책을 읽고 모든 사람에게 좋은 평가를 받는 것을 너무 기대하지 않기로 했다. 이렇게 생각하니 인간관계에 대한 부담이 적어지고 마음이 편해졌다.

마지막으로 『돈보다 운을 벌어라』를 권하고 싶다. 스노우폭스 대표인 사업가 김승호 대표님이 아니라 주역을 연구한 작가님이 쓴 책이다. '운'에 대한 책인데, 결국 운은 사람을 통해서 온다고 했다. 운이 혼자 굴러다니지는 않기 때문이다. 새로운 곳에서, 특히 밖에서 사람을 만나는 것이 중요하다고 했다. "보이지 않는 공익적 행동은 하늘이 보상하며 세상을 사랑해야 한다"는 부분이 참 좋았다. 결국에는 사람이 선한 마음을 가지고 더불어 살아가야 한다는 것이다. 내가 먼저 그렇게 살면 그런 사람들과 어울리게 될 것이다. "위대한 사람을 존경하라"는 메시지도 마음에 와닿았다. 강하고 착한 사람들을 만나면 내 운도 좋아진다는 것이다. 나 역시 그동안 매일 책을 읽고 책에 등장한 위인이나 책을 쓴 저자를 존경해왔다. 그리고 그들을 만나기 위해 부단히 노력했다. 이런 만남과 노력들이 내 운을 좋아지게 했음이 틀림없다는 생각이 들었다.

⊰사람 부자를 만드는 '인간관계 7법칙'⊱

전업주부로 아이들만 키우다가 몇 년 전 사회생활을 시작할 때는 인간관계가 참 힘이 들었다. 항상 조심해야 하고 신경써야 하는 상황이라 스트레스도 받았다. 실수를 하지 않을까 전전긍긍하다, 모임이 끝나고 집에 돌아와서는 늘 후회했다. 말을 너무 많이 한 것은 아닌지, 푼수처럼 들떠서 떠든 것은 아닌지 말이다. 어떻게 해야 잘하는 건지 잘 모르겠다는 생각이 많이 들 때는 '다음에는 아예 말을 하지 말고 웃고만 있어야지' 하고 다짐하기도 했다. 이렇게 좌충우돌 부족한 내가 인간관계를 조금이라도 잘하기 위해 이런저런 책을 읽으면서 노력해보았다. 개인적으로 실천해본 것 중 효과적이었던 것을 이야기하고 싶다. 이른바 '인간관계 7법칙'이다.

1. 경청한다.

나도 그렇지만 사람들은 대부분 말하는 것을 좋아한다. 상대방이 신나게 이야기할 수 있는 기회를 주자. 상대방의 이야기에 무조건 귀를 기울인다. 그리고 이야기하다 재미있는 분야가 나오면 추가로 질문을 던져 깊이 있는 대화를 나눈다. 메모해야 할 필요성이 느껴질 때는 "너무 좋은 이야기인데 적어도 될까요?"라고 질문해도 좋다. 나의 경험상 '적지 말라'고 하는 사람은 아무도 없었다. 종이에 메모하면서 설명해주는 사람을 만나면, 이 메모장 가져가도 되겠느냐고 물어도 좋다. 자신의 이야기에 귀기울이다 못해 메모까지 챙겨가는 사람을 어찌 안 좋아하겠는가? 분명히 또 만나자고 연락이 올 것이다.

2. 부자에게 밥을 사라.

누군가를 만나면 자주 밥값을 냈다. 상대가 엄청난 부자라도 말이다. 귀한 시간을 내준 데 대한 감사의 표시였고, 그만큼 내가 그의 시간을 소중하게 생각한다는 메시지의 전달이었다. '부자니까 상대방이 내도 괜찮겠지'라고 생각한다면 위험하다. 그 사람은 내게 귀한 시간을 내준 것으로 족하다는 생각을 해야 한다.

3. 내가 먼저 존경하고 사랑한다.

요즘은 SNS나 책을 통해서 사람을 접할 수 있는 기회가 너무도 많다. 내가 존경하고 사랑할 수 있는 상대를 찾기가 그만큼 쉬워졌다는 말이다. 지인에게도 친구에게도 SNS로 댓글을 달면서 사랑을 표현하면 좋다. 책을 읽었으면 저자의 SNS에 감사하다고 댓글을 달거나 이메일로 애정을 표현해보자. 내가 먼저 존경하고 사랑하면 결국에 그것이 다 나에게로 돌아온다. 내가 존경하는 사람이 많을수록, 그들을 닮고 또 그들과 어울릴 수도 있게 된다.

4. 할말, 못할 말을 반드시 구분한다.

사람들을 많이 만나다보면 다양한 이야기를 하게 된다. 좋은 이야기도 하지만, 험담이라든가 근거 없는 낭설을 나누기도 한다. 진실인지 거짓인지 구분도 가지 않는 이야기를 전달하거나 재미로 떠들면 곤란하다. 자신의 신뢰도만 깎아먹기 십상이다. 또 남의 험담하기를 좋아하는 사람은, 내가 없으면 나를 험담할 가능성이 높으니 그리 친하게 지내지 않는 것이 좋다.

5. 내가 조금 손해보더라도 상대방의 이익을 우선시한다.

엄청난 손해와 이익을 말하는 것이 아니다. 예를 들면 친구들과 쇼핑할 때 동시에 같은 물건을 잡게 되는 경우가 있다. 이럴 때는 조금 양보하고 상대방에게 이익을 준다. 사실 지나고 나면 별로 중요한 일도 아니다. 내가 조금이라도 손해보지 않으려고 욕심을 부리면 쪼잔

한 사람이 된다. 눈앞의 이익에 급급하지 말자. 오래도록 잘 지낼 사람이라면 상대방의 이익을 우선시하는 것이 중요하다.

6. 위로가 먼저, 조언은 그다음에.

가까운 사람한테 속상한 일을 털어놓았는데 '그건 니가 잘못했네'라는 답이 돌아오는 것만큼 야속한 일이 없다. 아이가 울면서 엄마한테 맞았다고 하는데 '니가 맞을 짓 했으니 맞았겠지' 하는 반응을 보이면 얼마나 배신감을 느낄까. 나의 사람이라고 생각되면, 잘못하거나 실수해도 편을 들어주자. 그 사람도 바보가 아닌 이상 자기가 어느 정도 잘못했고 실수했는지 속으로는 다 안다. 위로가 필요한 사람에게는 일단 위로를 줘야 한다. 잘못을 지적하며 조언을 주는 건 그다음의 일이다.

7. 사람을 보는 안목이 필요하다.

아무리 내가 상대방에게 잘했어도 애초에 사람 보는 안목이 없었다면 꽝이다. 나와 진실한 인간관계를 맺고 싶어 하는지, 나를 잠시 이용했다가 떠날 생각인지를 먼저 구분해야 한다는 것이다. 많은 사람들을 만났기 때문에 정말 다양한 사람들을 만났다. 사람을 좋아해서 잘하려고 노력했는데 결과가 반대로 되었을 때는 많이 속상했다. 최선을 다하고도 상처받은 경우가 많았다. 결과적으로 돌이켜보니 그냥 나랑 안 맞는 사람인 경우가 대부분이었다. 정말 나와 인연이 되는 사람은 내가 특별히 잘하지 않아도 내 곁에 있어주었다. 내가 힘들게 노력해야 겨우 유지되는 그런 관계는 많이 힘들다. 서로 편하게 이해하고 사랑하며 잘 지낼 수 있는 사람과 인연을 맺는 것이 가장 좋다.

사람 보는 안목을 기르려면 어쩔 수 없이 나쁜 사람도 겪어봐야 한다. 여러 사람들을 만나며 상처받는 일이 있더라도, 안목을 기르는 중이라고 긍정적으로 생각하면 좋겠다. 인간관계는 아픔과 상처를 통해서 더욱 성숙해지는 것 같다.

⟩ 스스로의 가치를 올리는 '관계우선의 법칙' ⟨

2013년 아는 작가님께 인간관계에 관해 너무나도 좋은 책이 있다며 소개를 받았다. 절판이 되었는데 인기가 많아져서 당시 중고책의 가격이 3만원에 달했다. 빌 비숍의 『관계우선의 법칙』이라는 책이었다. 2001년에 발행된 책이었는데 구구절절 가슴에 와닿아서 '진리 불변의 법칙'이 이런 것이구나 하는 전율을 느낄 정도였다. 특히 스스로에게 투자해, 스스로의 가치를 올리는 것이 무엇인지에 대해 큰 도움을 받았다. 이른바 '퍼스널 마케팅'에 대한 이야기인데, 몇 가지 소개해보고자 한다.

첫째, 경쟁자를 당신의 잠재고객이나 파트너로 만들어라.

투자를 하고 책을 쓰고 강의를 하면서, 나와 비슷한 일을 하는 사람을 많이 만났다. 우리는 끊임없이 경쟁하고 비교하는 체제에서 자랐기 때문에, 솔직히 마음속에서 질투나 시기하는 감정이 일어나기 마련이다. 이런 마음이 생기면 경쟁자와 절대 친구가 될 수 없다. 나보다 능력 있고, 가진 것이 많고, 내가 못하는 것을 잘하는 사람을 만나면 당연히 부럽고 배가 아플 수 있다. 하지만 비교하는 마음이야말로 인간관계에서 가장 경계해야 한다. 시기, 질투가 심하면 나보다 못한 사람만 만나려 하고 그 안에서 쓸데없는 우월감을 가지며 살아가게 된다. 겸손보다는 자만으로 가득차게 되고 발전하기보다는 후퇴하게 된다.

둘째, 이상적인 비전을 가지고 프로젝트를 시작하라.

현실적인 비전은 누구나 품을 수 있다. 우리에겐 이상적인 비전이 필요하다. 나는 그것을 '선한 부자 프로젝트'라고 불렀다. 누구나 착하고 싶어 하고, 누구나 부자가 되고 싶어 하는 마음을 떠올렸던 것이다. 사실은 내가 간절히 선한 부자가 되고 싶었다. 왜냐면 나는 원래 악한 가난뱅이였기 때문이다. 나밖에 몰랐고 나만 부자가 되고 싶었다. 그러다 독서와 함께 변했고 선한 부자를 지향하게 되었다. 하지만 혼자서만 선한 부자를 꿈꾸어서는 역부족이다. 지속적으로 이 프로젝트를 함께할 사람들이 필요했다. 함께 가면 멀리 갈 수 있기 때문이다.

부정적인 이야기나 거짓된 말에 귀기울이지 않고 소신대로 산다. 그리고 부자가 되는 과정을 타인과 나눈다. 이것이 내가 모두와 추구하는 비전이다. 처음에는 마냥 이상적인 것처럼 보였지만, 함께하는 사람들이 점점 늘어날수록 이상이 아닌 현실에 가까워지고 있다.

셋째, 광범위한 해결책을 제공하는 능력을 개발하라.

부동산, 경매, 대출, 금융, 부동산 관련 세법 등 기본적인 것은 알고 있으므로 지인들에게 전화가 많이 온다. 셀프 등기를 하고 싶다고 해서 도와준 경우도 많았다. 담보대출을 말소할 때 은행 법무사는 보통 5만원의 수수료를 받는데 내가 직접 하니 몇 천원밖에 들지 않았다. 부동산 계약서를 처음 쓰는 사람은 모르는 것투성이다. 그럴 때도 내가 도울 일이 있었다. 귀찮기는커녕 내가 겪은 다양한 경험들을 통해 타인에게 조금이나마 도움을 줄 수 있어 좋았다. 내가 겪은 어려움을 극복했던 방법이 있어 다행이었다.

넷째, 장기적인 발전을 위해 단기적인 손해를 감수하라.

사실 단기적인 손해를 감수하기란 쉬운 것이 아니다. 내가 펀드로 수천만원을 손해보고, 전세난민으로 살아갈 때는 더이상 1원도 손해보고 싶지 않았다. 신경이 날카로워졌다. 통장에 여유가 없어졌을 뿐인데 마음의 여유는 더 없어졌다. 처음 부동산 투자를 할 때는 복비를 깎으려고 실랑이를 벌이기도 했다. 돈이 오가다보니 분쟁이 일기도 하는데, 나는 1원도 양보하지 않고 억척스럽게 사람을 대했다. 시간이 지나고 나서 내가 얼마나 어리석었는지를 깨달았다. 그 상황에서는 그 누구와도 친밀한 관계를 유지할 수 없었기 때문이다. 특히 비즈니스 관계에서 처음부터 내 이익을 먼저 챙기려고 들면 곤란하다. 다시는 안 보는 사이가 될 수 있다.

다섯째, 가치 있는 것을 무료로 제공하라.

사실은 이 부분이 가장 획기적이었다. 1원도 손해보고 싶지 않아 하고, 미친듯이 저축하는 내게 '무료로 제공하라'니 당황스러웠다. 그때 불현듯 떠오른 생각이 '서평을 나누어야겠다'는 것이었다. 내가 가장 가치 있다고 여기는 책을 나누면 좋겠다는 생각도 들었다. 그래서 처음에는 서평을 올렸고, 나중에는 책을 선물하게 되었다.

블로그를 통해서 매년 약 70여 권의 책을 선물한다. 나는 종종 도서관이나 중고서점을 이용하지만, 선물은 무조건 새책으로 한다. 벌써 5년의 시간이 흘렀다. 도서관에서 낡은 책을 보던 사람이, 서점에서 신간을 보기만 하고 구입하지 못한 채 나와야 했던 사람이 이제는 300명 이상에게 책을 선물하고 있다. 블로그를 처음 시작할 때는 이웃이 200명 정도만 되었으면 좋겠다고 생각했는데 벌써 3만 명이 되었다.

더 열심히 책을 읽고 더 많이 벌어서 더 많은 곳에 좋은 책을 나누는 사람이 되고 싶다. 이것이 내게 주는 가치를 알고 세상에 끼치는 영향력을 알았기 때문이다. '스스로에 대한 투자'라는 북테크의 터닝 포인트를 맞이한 이후, 책을 읽고 믿고 실천하는 것만으로 나는 스스로에게 좀더 높은 가치를 선사했다고 믿는다. 그래서 이 책을 읽는 모든 분들을 열렬히 믿어주고 싶다.

뭐든지 읽고 그대로 실천하며 세상을 살아보라고, 눈부신 미래가 여러분을 기다리고 있다고.

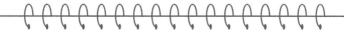

"이제 나는 나 자신에게 투자하겠다"

● 내 인생이라는 책의 첫 문장과 끝 문장을 써보자.
  첫 문장은 현재의 상황을,
  끝 문장은 내가 바꿔낼 미래의 상황을 쓰면 된다.

● 나만의 책 제목을 적어보자.
  혼자만 볼 내 삶이라는 책이든,
  다른 사람들과 나눌 진짜 책이든 상관없다.

5장

우리는 모두 책과 함께 커간다

북테크 그 이후, 삶에 찾아온 기적들

나를 더 사랑하게 되었고, 그만큼 아이를 더 사랑하게 되었다

↳ **육아에 찾아온 변화**

북테크 이후, 내 삶에 정말 기적 같은 일들이 많이 찾아왔다. 경제적으로도, 사회적으로도, 또 육아에 있어서도. 그 이야기를 하나씩 들려드려볼까 한다. 북테크의 힘에 대한 구체적인 증거를 보여드리기 위해서다. 먼저 육아에 찾아온 변화다.

사실 육아에 대한 이야기는 넣을까 말까, 마지막까지 고민을 많이 했다. 북테크를 했으니 독서육아도 대단하겠지, 기대하는 시선이 있을 것 같아서였다. 내가 책을 읽고 아이를 영재로 키운 '독서육아의 달인'도 아니고, 우리 아이들이 책을 좋아하긴 하지만 그렇다고 또 엄청난 '독서광'이라거나 '독서영재'라고 할 정도는 아닌데 내 이야기가 참고가 될까 싶었다. 하지만 고민 끝에 이 이야기를 하기로 했다. 두 가지 이유가 있었다.

첫째는 아들 셋을 키우며 책을 읽고 부동산 투자를 했다고 하니, 육아는 나 몰라라 한 무책임한 엄마로 오해하는 경우가 많았다. 하지만 앞에서도 말했듯 나는 '나 혼자만 잘살려고' 책을 읽은 것이 아니었다. 내가 경제를 공부해 돈을 벌겠다고 결심한 밑바탕에는 '내 아이에게는 절대 가난을 대물림하지 않겠다'는 굳은 의지가 있었다. 아이를 위해 재테크를 시작해놓고, 아이들을 등한시한다는 것은 말이 되지 않는다.

둘째는 북테크의 진정한 완성은 사람에 따라 다르겠지만, 엄마의 경우 그 종착지가 '나의 성공'보다는 '아이의 행복'인 경우가 많을 것이기 때문이다. 아니, 사실 '엄마의 성공'과 '아이의 행복'을 떨어뜨려 놓고 생각하기란 불가능하다. 아무리 개인적으로 명성을 얻고 성공한 엄마라도 아이가 행복하지 않으면 불행하다고 느낄 것이다. 그러니 북테크를 하면서 육아에도 변화가 생긴 것은 당연한 일이었다. 아이들만 행복하면 거기서 만족하는 엄마들이 많으니, 앞에서는 줄곧 엄마의 시간을 강조하긴 했지만 결국 아이가 행복해야 엄마도 행복하고 엄마가 행복해야 아이도 행복한 법이다. 즉 엄마의 북테크는 엄마 스스로와 아이에 대한 투자가 동시에 일어나야, 진정한 완성이 가능하다.

그래서 내가 아이를 키우는 데 있어 책에서 어떤 도움을 받았는지, 북테크를 하면서 육아에 어떤 변화가 찾아왔는지 그 이야기를 들려드리려 한다.

'남부러울 것 없는 아이로 키워야지. 할 수 있는 모든 걸 다 해줄 거야'

다시 시간을 과거로 돌려 2007년, 두 번의 유산 이후 책으로 임신과 출산에 대해 공부하던 중 기다리고 기다리던 임신 소식을 들었다. 그런데 또 유산기가 있다고 했다. 게다가 입덧도 심해서 온종일 누워만 있어야 했다. 냄새에 예민해진 것이 가장 힘들었다. 남편이 냉장고를 열면 썩은 내가 풍기는 것 같았고, 답답해서 베란다에 나가면 바람을 타고 날아온 각종 냄새에 속이 뒤집어지곤 했다. 책을 보니 입덧이 심하면 유산의 확률이 낮다고 해서, 그것만은 감사했다.

기운이 없어 걸어서 5분 거리의 병원에 가다가도 중간에 몇 번을 쭈그리고 앉아서 쉬어야 했다. 이때는 직장을 그만두길 잘했다는 생각을 많이 했다. 누워 있기도 힘든데 회사를 어찌 다니겠는가. 잘 먹지도 못하고 속도 울렁거리니 얼굴에 웃음기가 사라졌다. 임산부는 늘 기쁜 마음을 갖고 좋은 생각을 해야 한다는데, 현실적으로 너무 고통스러웠다. 차라리 잘 때가 가장 행복했다. 다행히 잠들면 고통을 느끼지 않았기에, 한번 잠을 청하면 10시간이고 12시간이고 최대한 오래 잤다. 태교는커녕 소파에 누워서 TV 리모컨과 한몸이 되었는데 〈거침없이 하이킥〉과 〈대장금〉을 주로 보았다. 이 프로들은 끝도 없이 연속해서 재방송을 해준다는 공통점이 있었다.

18주부터 입덧이 기적처럼 좋아져 맛있는 것도 먹고 밖에도 돌아다니게 되었다. 임신이 안정기에 접어들면서 마음에도 여유가 생겼다. 그때부터 육아서를 읽기 시작했다. 다시 찾은 도서관은 유산 후 건강서를 읽을 때와는 느낌부터 달랐다. 불안한 마음을 거두자 더 넓은 시각으로 다양한 책을 꺼내볼 수 있었다. 임신교실에 가서 육아 강의도 듣기 시작했다. 그리고 매번 생각했다.

'남부러울 것 없는 아이로 키워야지. 할 수 있는 모든 것을 다 해줄 거야. 기필코 좋은 엄마가 될 거야.'

어쩌면 나는 내가 '나쁜 엄마'가 될까봐 불안했는지 모른다. 어려서부터 부모님께 불만이 많았고, 그래서 늘 무엇에도 만족하지 못했다. 이런 형편없는 내가 엄마가 되어 아이를 잘 키울 수 있을지 걱정이 되었다. 그래서 육아서를 열심히 읽었다. 훌륭한 부모는 자녀들을 어떻게 키웠는지 배우고 싶어서였다.

⇒내 생애 최초의 열공 '육아서 요약노트'⇐

책을 읽고 나면 무조건 까맣게 잊어버리는 나였다. 아이를 잘 키우고 싶은데, 열심히 공부한 것을 까먹으면 안 될 것 같아서 육아서 요약노트를 만들었다. (생각해보니 이것이 앞서 이야기했던 '부자노트'의 시작이었

사차다가교도

KB ✱b 0세 교육의 비밀   2008년 2월 23일 (土)

- 절대 하지 말것 -
아이를 체벌하지 말것. 나무라지 말것
~ 해서는 안된다. ~ 해야 된다라고 말하지 말것
어떤 것이라도 아이의 실수에는 대답할것
남의 집기 있을때 두드려서 행동을 시키지 말것

<칼비테의 0세교육>
아기가 잠에서 깨어나 기분이 좋을때 가능한 말을 많이 걸어줄것
사물의 이름을 **반복**해서 말해준다.
신선한 공기와 햇빛

나보다.) 육아 강의도 모두 요약해서 적을 정도로 열성적이었다. 내 생애 최초로 공부를 열심히 했던 순간이었다.

여러 책을 읽었지만 특히 『칼 비테 교육법』은 정말 신선하면서도 구체적인 스토리가 많아서 좋았다. 이대로만 따라 하면 내 아이도 분명 영재가 될 수 있을 거라고 믿었다. 그때만 해도 '나와 다른 아이로 키우겠다'는, 아이가 나를 닮지 않고 똑똑해지길 바라는 간절한 마음이 있었기에 '영재'나 '천재'라는 단어가 제목에 들어간 책을 주로 읽었다.

그러던 중 『배려 깊은 사랑이 행복한 영재를 만든다』라는 당대 최고의 육아서를 읽고 저자의 강연을 들으러 남편과 청주까지 달려갔다. 다음은 그때 들은 강연 내용을 요약한 노트다.

『푸름이 엄마의 육아메시지』라는 책도 읽었다. 대통령에게 최초로 보고된 '대한민국 1호 독서영재' 푸름이를 키운 어머니가 쓴 책이었다. 0~12개월까지 해야 할 일들이 적혀 있기에 그것만 따로 노트에 옮겨 놓기도 했다.

임신했을 때부터 배 속에 있는 아이에게 들려주려고 동요와 클래식을 하루종일 틀어놓았다. 그리고 2008년의 어느 봄날, 첫아이가 태어났다. 그 순간의 떨림을 아직도 생생히 기억한다. 꼬박 16시간을 진통하고 아이를 낳았다. 아이는 건강하고 통통했고, 울음소리가 우렁찼다. 아이를 낳자마자 배가 전혀 아프지 않다는 사실이 신기했다. '어, 이 정도면 아이 낳을 만하겠다' 하는 생각이 들 정도였다. (물론 그래서 아이를 셋 낳은 건 아니다.) 꼬물꼬물 새끼 강아지도 너무 예쁜데, 내 배 속에서 태어난 아이가 살아 숨쉬고 있다는 건 정말 경이로운 경험이었다. 새벽에 아이를 낳았는데, 아침 9시가 되어야 면회를 할 수 있다고 했다. 아이를 품에 안고 자세히 보고 싶고, 보드라운 살결을 만져보고 싶고, 모유수유도 하고 싶었다. 너무 보고 싶은데 9시까지 기다려야 한다니, 잠이 오질 않아 날을 꼬박 새웠다. 잠이 그렇게 많은 내가 출산과정에서 온 에너지를 다 쏟았는데도 설렘에 밤잠을 못 이뤘으니 정말 놀라운 일이었다.

최선을 다해 잘 키우겠다고 다짐, 또 다짐했다. 아이를 집에 데려온 뒤 매일같이 책을 읽어주었다. 벽은 동식물 그림으로 도배를 하다시피 했다. 아이가 좀 큰 후에는 집에 과일이나 채소가 들어오면 깨끗이 씻어서 만져보도록 했다. 미국의 글렌 도만 박사가 쓴 책을 보고, 플래시카드 교육도 시작했다. 배경이 깨끗하고 사물이 돋보이는 다양한 종류의 사물카드를 구입했다. 5장 정도를 뒤에서 앞으로 아주 빠르게 넘기면서 알려주는 것이 포인트였다. '참외, 포도, 바나나, 배, 사과' 이런 식으로 말이다. 한 장 넘기는데 1초도 걸리지 않을 만큼 빠르게 하고 끝냈다. 그걸 매일 반복했더니 어느 날 아이가 수백 장의 카드를 모두 인지하게 되었다. 테스트를 하지 말라고 해서 안 하다가, 나중에 아이가 다 아는 것 같은 눈빛일 때는 가끔 물어보고 칭찬을 해주었다. 카드에 클립을 꽂아 낚시놀이를 하게 되면, 뒷면에 한글이 노출되어 한글 떼기에도 좋았다. 카드 하나로 인지교육과 한글 떼기를 했으니 그야말로 제대로 뽕을 뽑은 셈이다.

이렇게 육아에 대한 정보를 책으로 읽고 아이를 통해 배우며 우리 가족도 자라고 있었다. 둘째가 태어나기 전까지는 모든 것이 순조로운 듯만 했다.

⇒ '화내지 않는 엄마' vs. '건강하게 화내는 엄마' ⇐

앞에서도 말했듯, 순하고 착하고 똑똑하게 자라던 첫째는 둘째가 태어나면서 질투하고 심술부리며 퇴행적인 모습을 보였다. 아이뿐 아니라 나 역시 퇴행했다. 둘째를 낳고서 한동안은 아이를 어떻게 키웠는지도 기억나지 않을 정도로 힘들기만 했다. 그래서 둘째가 태어난 2011년은 북테크를 시작한 이래 책을 가장 못 읽은 해이기도 하다.

2011년 9월부터 첫아이를 어린이집에 보내기 시작하면서 그마나 조금 여유가 생긴 듯했다. 물론 그렇다고 힘이 덜 든 건 아니었다. 남편이 주야간 교대근무를 해서 육아는 물론 모두 내 차지였는데 이때 『불량육아』를 읽으며 많은 위로를 받았다. 이전까지 천사처럼 말하고 행동할 것을 요구하는 많은 육아서들을 읽으며, 나는 그렇게 하지 못한다는 죄책감이 쌓여갔다. 육아서를 많이 읽고 강의도 들으러 다녔지만 제대로 실천하지 못하는 나를 보면서 '나는 나쁜 엄마 같다'는 생각에 자괴감을 느끼기도 했다.

이 책을 읽으며 마음의 짐을 덜 수 있어서 좋았다. 지금도 가끔 나쁜 엄마 같다는 느낌이 들 때면 하은맘의 강의를 들으러 가서 구석에서 울다가 온다. 엄마들에게는 정말 힐링이 되고 눈물나는 책이다. 누구나 아이를 사랑하지만 언제나 웃으면서 사랑을 줄 수만은 없어서 힘들고, 죄책감이 든다. 그 미안함으로 얼마나 많은 엄마들이 자신을 할퀴고 상처내면서까지 애쓰고 있는가? 이 책을 읽은 후 나는 나 스스로에게 '괜찮아. 잘하고 있어'라고 다독여줄 수 있었다.

육아가 좀 수월해지기 시작한 것은 셋째가 태어났을 때부터였다. 아들 둘을 키우며 어느 정도 내공이 쌓이기도 했고, 셋째를 키우는 동안 첫째와 둘째가 점점 독립적인 형들이 되어주기도 했다. 아무리 힘들어도 시간이 지나면 아이들이 조금씩 자란다. 젖도 떼고 기저귀도 떼고 밥도 혼자 먹고 신발도 혼자 신게 된다. 그렇게 이제는 정말 아이들이 다 컸나 잠시 마음을 놓았을 때, 예상치 못한 일이 생겼다.

어느 날부터인가 아이가 화가 나면 칼을 찾았다. 진짜로 칼을 찾아들었다는 건 아니고, 말로만 그랬다. 그럴수록 나는 아이에게 더욱 상냥하게 대하고 스킨십을 하며 아이의 마음을 위로해주려고 애썼다. 물론 나도 사람인지라 아들 셋을 키우며 화가 나고 짜증날 때가 많았다. 하지만 굳이 아이한테 짜증내고 화내고 싶지 않아 꾹꾹 참고 있었다. 그게 좋은 엄마라고 생각했다. 하지만 아이의 화가 진정되고 나면 곧 내 안에서 화가 올라왔다. 실컷 욕이라도 뱉고픈 적이 한두 번이 아니었다. 물론 실제로 그렇게 한 적은 없는데도, 아이는 내 마음을 귀신처럼 알아차렸다.

"엄마 괜찮아?"

"응. 괜찮아."

"엄마, 왜 눈은 안 괜찮은데 말로만 괜찮다고 해?"

고작 유치원생인 아이가 엄마의 눈빛을 보고 엄마의 감정을 모두 읽어냈다. 그것도 언어로 정확하게. 그리고 또다시 뒤집어졌다. 왜 자기한테 거짓말을 하냐고 난리를 쳤다. 안 괜찮은데 왜 괜찮다고 하냐고 화를 내면서 말이다. 정말 힘들었다. 혼내서 화를 못 내게 할 수도 없고, 그렇다고 언제까지 감싸안아줄 수도 없는 노릇이었다. 한번은 결국 폭발해서 아이에게 소리를 지르고, 둘이 부둥켜안고 엉엉 운 적도 있다. 어느 날, 푸름이 아버님 강연이 끝나고 마련된 뒤풀이 자리에서 이 이야기를 꺼냈다.

"그거 아이 것 아니고 엄마 것 같은데? 아이가 엄마 분노를 잘 끌어내네. 아이가 엄마 감정을 다 읽고, 섬세하게 잘 키웠어."

처음엔 잘 이해가 되지 않았다. 게다가 잘 키웠다니……? 난 너무 힘든데 잘 키웠다니? 이후로도 아이는 지속적으로 '엄마 마음상태가 괜찮지 않음'을 지적하며 화를 냈다. 아이의 심리를 종잡을 수 없고 내 마음도 모르겠기에, 화와 분노를 다루는 심리서를 밤마다 읽어내려갔다. 그러던 어느 순간, 아이의 화가 귀엽게 보이기 시작했다. 화라는 감정이 부정적이기만 한 건 아니라는 사실을 깨달아서였다. 많은 심리서들은 '화'를 표출하는 것이 정신건강에 좋다고 이야기하고 있었다.

문득 그런 생각이 들었다. 나는 살면서 감정을 제대로 드러낸 적이 한 번도 없었다. 부정적인 말과 큰소리를 들으며 자랐던 어린 시절이 늘 상처였다. 그래서 내 아이들에게는 결코 그렇게 하지 않으리라 다짐했고, 늘 '사랑한다, 미안하다, 고맙다'라는 말만 하고 살았다. 아이에게 화가 나도 화를 내지 않았다. 화내는 엄마는 나쁜 엄마니까, 좋은 엄마가 아니니까. 남편에게 불만이 있어도 참기만 했다. 분출되지 못한 감정이 쌓이고 쌓여, 속에서 썩어가는데도 말이다. 나는 24시간 365일 혼자서 감정노동을 하고 있었다.

그렇게 억눌려 있던 내 감정을 아이가 대신 건드려주고 있다는 생각이 들었다. 푸름이 아버님이 하신 말씀이 비로소 이해되는 순간이었다. 그때부터 아이가 화를 내면 나와 아이의 감정을 고요하게 들여다보게 되었다. 아이의 화를 무시했다는 게 아니다.

'그래. 네가 화가 났구나. 화가 났으면 그걸 알려야지. 그래야 마음속에 담아두어서 스스로를 상처내는 일이 없으니까.'

이런 생각으로 아이의 화를 있는 그대로 받아들이고, 존중했다는 뜻이다. 그러자 놀라운 일이 벌어졌다. 아이가 화를 내는 일이 점점 줄어들더니, 거의 사라진 것이다. 그날 이후로 나는 '건강하게' 화를 내야겠다고 결심했다. 내 감정을 잘 표현하는 것이 아이에게 혼란을 주지 않고 정서적 안정감을 주는 일이라는 걸 알았다. 더이상 화를 꾹꾹 참으며 가짜로 좋은 엄마가 되려 하지 않았다.

우리 가족은 이제 제법 화를 잘 낸다. 아이들도 물건을 집어던지거나 하지 않고 건강하게 화를 표현한다. 나는 몇 년 전보다 지금 훨씬 더 많이 화를 표현하게 되었지만, 아이들과의 사이는 인생 최고로 좋다.

⸱아이가 커갈수록, 엄마는 어른이 된다⸱

아이 셋을 낳아 키우며 깨달은 사실은, 아이들은 엄마를 있는 그대로 사랑한다는 것이다. 머리를 감지 않고 세수를 하지 않고 양치질을 하지 않아도, 아이들은 엄마를 사랑해준다. 내가 손을 씻지 않고 밥을 먹고, 집안을 어지르고, 노래를 부르며 시끄럽게 춤을 춰도 나를 사랑해준다. 조건 없는 사랑을 받으면 아이는 잘 크는 법. 나의 내면아이는 우리 아이들의 사랑을 받으며 잘 자랐다.

아이들이 나를 들여다보게 했다. 나도 몰랐던 나를 알게 했다. 아이를 더 사랑하고 싶어서 육아서를 읽고 강의를 듣고 공부했는데 결국에는 나를 더 사랑하게 되었다. 그리고 그만큼 아이들을 더 사랑하게 되었다.

(아이를) 사랑한다.

(나를) 사랑한다.

(아이를) 키운다.

(나를) 키운다.

(아이를) 지혜롭게 한다.

(나를) 지혜롭게 한다.

아이를 낳고 처음 몇 년은 육아가 내 마음대로 되지 않아 힘든 순간이 대부분이었다. 첫아이를 키우는 것도 처음이었고, 아이 둘을 돌보는 것도 처음이었고, 아이 셋과 사는 것도 처음이었다. 모두 처음이어서 서툴고, 처음이어서 힘들었다.

힘들 때마다 내게 질문을 던졌다. 어쩌면 어른이 된다는 것은 끊임없이 새로운 일에 도전하는 것이 아닐까? 새로운 벽에 부딪칠 때마다 나는 지금 어른이 되고 있는 과정임에 틀림없다고 생각했다. 아이가 자랄수록 나는 점점 어른이 되어가고 있었다.

책에 둘러싸여 살고 싶다는
꿈이 이뤄진 순간

↳ **책과 함께 먹고 자고 노는 집**

다음은 집에 찾아온 변화다. 2017년, 우리 가족은 세종특별자치시로 이사를 했다. 새 아파트로 이사를 한 것은 난생처음이었기 때문에 몹시 설렜다. 사실 예전에 살던 집은 전 주인이 이미 인테리어를 해놔서 내가 거의 손대지 않고 들어가서 살았다. 세입자 집만 수리하던 내가 드디어 처음으로 내 집을 꾸미게 된 것이다. 결혼 11년 만에 이룬 쾌거다. 무엇보다 책으로 꾸며진 집, 아니 책에 둘러싸여 살고 싶다는 소망을 이루었다는 점에서 뛸듯이 기뻤다.

수많은 집을 보러 다니고 수리비를 아끼기 위해 직접 발로 뛰었다. 도배를 해주시고 타일을 붙여주시는 사장님 옆에서 종알종알 이야기하며 많은 것을 배웠다. 세입자용 싱크대를 제작해주셨던 팀장님께 우리집 가구 제작을 맡겼다. 수년간 조명을 구입했던 도매업체에서 기술자를 연결해주서서 콘센트 위치도 바꾸고, 천장을 타공하여 간접 조명을 아주 저렴하게 달 수 있었다. 어떻게 하면 수리비를 아낄 수 있는지는 거의 반 전문가가 되었기에, 집을 꾸밀 때도 돈에 대한 걱정 없이 최대한 상상력을 발휘했다.

거실에는 소파나 TV 대신 책장으로 가득 채웠다. 책에 먼지가 많이 끼면 공기가 좋지 않을 것 같아 슬라이드장을 짰다. 가구업체를 불러 직접 디자인했다. 슬라이드장을 열면 책들이 보인다. 아이들이 없을 때

:: 책과 함께 살고 싶다는 바람을 담아 꾸민 우리집

나 손님이 오실 때는 문을 닫아두니 집이 깔끔해 보이는 효과가 있다.

보통 아일랜드 식탁은 아래 공간이 살짝 비어 있기 마련이다. 나는 이 공간이 아까워서 비슷한 컬러로 책장을 짜서 넣었다. 책장의 가장 윗줄은 아이들이 식탁에 앉아 볼 수 있어서 『대통령을 키운 어머니들』, 『세계 명문가의 자녀교육』 같은 책을 꽂아놓았다. 주방에 있는 책들은 대부분 '아이들에 물려주고 싶은 책'이다. 지금 당장 읽을 수 없어도 제목이라도 꾸준히 노출하면 언젠가는 읽게 될 거라 기대한다. 나는 아이들이 커도 집이나 차는 사줄 생각이 없고 오직 '책'을 물려줄 생각이다. 엄마가 줄 수 있는 최고의 유산이라고 생각한다.

나는 절약하는 것을 참 좋아한다. 공간의 빈틈이 생기면 어떻게든 활용하고 싶고, 시간을 절약할 수 있는 방법을 생각한다. 예쁘고 예술적이고 럭셔리한 것은 내게 중요한 가치가 아니다. 냉장고나 밥솥, 세탁기 등등 가전제품은 13년째 같은 것을 쓰고 있다. 새집에 온다는 이유로 버리고 새로 산 것은 한 가지도 없다. 밥솥은 흠집이 심한 내솥만 세번째로 바꾸어 쓰고 있다. 아는 언니가 놀러와서 지독하다며 언제적 밥솥을 지금 쓰냐고 하는데, 나는 남들은 어떤 밥솥을 쓰고 무엇이 신제품인지 별로 관심이 없다.

집을 꾸밀 때도 공간을 낭비하지 않으려고 노력했고, 붙박이장 속에 많은 물건들을 넣어놓아서 청소할 시간을 벌었다. 아파트가 평당 얼마인가? 그 공간을 최대한 활용해야 좋다. 그래서 우리집은 집 전체에 침대도 없다. 최저임금이 1만원을 향해 가고 있다. 시간이 곧 돈이다. 티 안 나는 청소를 매일 하는 시간을 아끼기 위해 수납장을 많이 짜는 방식을 택했다.

우리집은 작은방에 TV가 있는데, 국제 스포츠경기나 EBS 만화나 〈개그콘서트〉를 볼 때 온 가족이 그 방에 모인다. 그 방에도 역시 책장이 있다. 예전에 쓰던 책장을 이사할 때 가져와서 내가 읽은 책들을 모아놓는다. 아이들에게 물려줄 책을 제외하고는 지인들이 놀러오거나 하면 간혹 선물하기도 한다. 1년 전에 이사하면서 책 꽂을 공간을 충분히 만들었다고 생각했는데 벌써 빈자리가 서서히 사라져간다. 시간이 조금 더 지나면 그림만 잔뜩 있는 아이들의 동화책 대신 내 책들이

:: 읽은 책들을 꽂다보니 빈자리가 사라져가는 책장

그 자리를 차지하게 될 것 같다. 아이들이 내가 읽은 책을 함께 읽을 미래를 생각하니 무척이나 기쁘다.

내 집을 내 마음대로 꾸몄더니 편리하고, 또 마음이 편해서 좋다. 내가 이 집을 사서 이렇게 꾸미려고 그렇게 고생했나 싶어서 감회가 새롭기도 하다. 여러 번의 이사를 갈 때마다 조금씩 환경이 좋아지는 것을 아이들이 경험하니, 전학을 두려워하지 않고 또 이사 가고 싶어 한다. 변화하는 것, 새로운 것의 기쁨을 몸으로 깨달은 아이들에게 나는 늘 '전 세계 어디에서 살 건지 결정해'라고 말한다. 꿈꾸고 원하는 곳에서 살 수 있고, 그게 어디라도 잘살 수 있다는 믿음을 주고 싶어서다.

책으로 쌓은 지식을
몸으로 확인하는 시간

↳ **아이들과 해외에서 한 달 살기 프로젝트**

마지막으로 찾아온 변화는 책과 더불어 여행을 통해 견문을 넓히게 됐다는 것이다. 언제부터인가 '제주 한 달 살기'가 유행이더니 이제는 '해외 한 달 살기'가 유행이 되었다. 유행을 따라 하는 편은 아니지만 아이들과 추억을 많이 만들지 못한 아쉬움이 있어 올해부터는 함께 여행을 많이 다니기로 결심했다. 지인이 '1년에 한 도시 한 달 살기'라는 네이버 카페를 운영하며, 방학 때마다 한 달 살기를 하고 있어 용기를 많이 얻었다. 우선 2018년 1월에는 전 세계 관광지 1위인 방콕을 다녀왔다.

나는 남들이 다 가는 사원이나 쇼핑몰 같은 곳은 썩 좋아하지 않는다. SNS에 자랑할 수 있는 화려한 곳보다는 오랫동안 가슴에 남는 곳을 좋아한다. 관광객들은 방콕에 가면 수상보트를 타고 뱃길을 지나

가며 수상가옥을 구경한다. 나는 아이들을 데리고 수상가옥을 찾아 직접 걸어다녔다. 지나가는 배에 탄 외국인 관광객들은 한 명도 빠짐 없이 우리를 쳐다보고 손을 흔들었다.

"얘들아, 저 배를 타고 저렇게 빨리 지나가는 것보다 이렇게 천천히 이곳을 구경하는 게 더 좋지 않니?"라고 하니 모두 동의를 한다. 물속 에는 물 반 고기 반이라고 할 정도로 고기가 많다. 그것도 모두 성인 남자 팔뚝만 한 물고기다. 왜 이렇게 큰가 봤더니 태국은 불교국가라 주인 없는 동물조차 먹여 살리는 '상생 정신'이 있다고 한다. 그래서 가는 곳마다 먹이를 파는 곳이 엄청 많았다. 우리 아이들이 태국에서 가장 많이 한 일 중 하나가 동물들에게 먹이를 주는 일이었다. 아이들 이 말 못하는 동물의 생명도 소중히 여기는 정신을 이곳에서 많이 배 웠다고 생각한다.

국내에서 방학 때 수영장 딸린 펜션이나 호텔을 가게 되면 얼마나 들까? 동남아 해외여행의 장점은 호텔이 아주 저렴하다는 것이다. 우리는 한 달 동안 조식 포함 200만원대에 호텔에 묵었다. 아이들은 매일같이 수영을 하고 놀았는데 한 달 만에 실력이 엄청나게 늘었다. 누가 가르쳐주지 않아도 스스로 깨우치는 아이들의 능력에 감탄했다. 영어를 잘하지 못하지만 혼자 돈을 들고 먹을 것을 사러 가는 용기도 생겼다. 그러면서 외국어를 잘하는 것이 유리하겠다는 생각도 스스로 하게 되었다.

매일 20바트씩 용돈을 주었더니 아이들이 그 용돈을 모으기 시작했다. 그러고는 한국돈으로 얼마 하는지 환율을 곱해 수시로 계산했다. 여러 군데의 마트를 다니면서 똑같은 상품의 가격이 다른 것을 발견하고, 어디가 가장 저렴한지 내게 귀띔해주기도 했다. 한국에서도 경제개념을 심어주기 위해서 일부러 5만원짜리를 주면서 심부름을 시키곤 했다. 방콕에서도 돈을 주며 영수증과 거스름돈을 받아오게 했더니 아이들이 바트로 계산하기 시작했다. 4학년짜리 큰아이가 돈 계산을 나보다 훨씬 더 끝내주게 잘하는 걸 보면, 경제 이야기를 들려주었던 것이 도움이 되었던 것 같다.

지인과 함께 필리핀 오지로 '결핍여행'을 다녀오기도 했다. 마닐라에서 심야버스를 타고 7시간 정도 이동해야 했고, 차 대신 소 달구지가 다니는 오지였다. 휴대전화가 터지지 않고 TV도 없고 인근에 슈퍼 하나 없는 이곳에서 3박 4일을 보냈다. 더 놀지 못하고 더 가지지 못

해서 늘 불평불만이었던 아이가, 이곳을 다녀와서 주어진 것에 감사할 줄 아는 태도를 지니게 되었다.

자연의 소중함을 느끼고, 못 가진 것에 대한 아쉬움보다 가진 것에 대한 만족과 감사함을 느끼게 됐으니, 그다음에는 세상이 어떻게 변화하고 있는지 아이들에게 알려주고 싶었다. 4차 산업혁명을 앞두고 세상이 매우 빠르게 변화한다는 것이 느껴졌다. 지금 서른여섯에 스마트폰이라는 걸 이렇게 쓰고 살 줄은 상상하지 못했듯이, 앞으로 아이들이 살아갈 미래도 내가 상상하지 못할 것이다. 그래서 세계 최고 IT기업이 있는 중국 심천을 가게 되었다.

미국 테슬라를 제치고 세계 1위 전기차 회사로 우뚝 선 BYD 본사가 심천에 있다. 심천은 현재 버스가 모두 전기버스이고, 택시의 경우는 2020년까지 전부 전기차로 바꾸어야 한나고 한다. 인구 1500만 명 이상임에도 불구하고 친환경 도시답게 공기가 깨끗했다. 오토바이는 거의 보이지 않아서 가이드에게 물어보았더니, 배달용이 아니면 허가를 내주지 않는다고 했다.

중국 최고의 전자제품 시장인 화창베이에도 다녀왔다. 중국은 우리나라처럼 브랜드별 AS기관이 있기보다는 한군데서 이것저것 다 고치는 종합 AS센터가 많았다. 우리나라로 같으면 동네 전파사 같은 느낌이었는데, 현미경을 보면서 기계를 고치는 젊은 사람들이 인상적이었다. 어떻게 보면 중국이 빠른 속도로 발전할 수밖에 없는 이유가, 이

:: 다음 세상을 미리 만나기 위해 찾은 중국

렇게 많은 제품을 개발하고 고치는 과정에서 혁신이 일어나기 때문인 것 같다. 모방은 창조의 어머니라고 하는데 애플과 샤오미는 이미 중국 내에서 비슷한 스마트폰 매출을 일으키고 있다. 삼성전자의 점유율은 놀랍게도 1퍼센트가 채 되지 않는다.

아래 사진의 아파트는 심천에서 초등학교 학군이 좋은 지역의 아파트다. 부동산에 관심이 많다보니 통역을 붙여서 하루종일 부동산을 돌았다. 나와 태어난 해가 같은 1983년식 아파트다. 무려 35년이나 되었고, 중국은 사회주의국가라 토지는 국가 소유이기에 대지지분이 없다. 그럼에도 불구하고 40평 아파트의 집값이 우리 돈으로 20억이었

:: 중국에서도 부동산 공부는 계속되었다

다. 왜 그렇게 비싼가 물었더니 신규 분양 아파트 가격은 평당 1억이란다. 그리고 재건축이 되면 기존 평형 40평을 그대로 준단다. 20억이 바로 40억이 되는 것이다. 가이드가 시내 쪽으로는 10억 이하 집은 아예 없다고 했는데 20평대도 12억이 넘어갔다.

알고 보니 심천은 IT기업이 많아 평균 연령이 30대 초반으로 젊은 도시라서 아이들이 유난히 많았다. IT기업의 성장과 함께 인구가 폭발적으로 증가하다보니 도심에 학교가 부족했고, 초등학교를 점수제로 선발한다고 했다. 그런데 조건이 아파트의 집주인이어야 한다고 했다. 즉 세입자의 아이는 학군이 좋은 초등학교를 보내지 못한다. 정말 말도 안 되는 정책이었다. 우리나라는 월세든 전세든 자가든 대치동에 살면 그 지역의 학교에서 아이를 교육시킬 수 있는데 이곳은 그렇지 못했다.

외국인들이 다니는 국제학교가 있는 지역은 부자들이 살아서, 공립학교 인근보다 더 비싸다고 한다. 그래서 너무 높은 집값을 감당하지 못하고 고향으로 돌아가는 사람들이 많다고 했다. 코리아타운도 사라졌다. 한국 사람들이 어느 한군데 모여 살 수 있는 집값이 아니라 월세로 뿔뿔이 흩어지거나 고국으로 돌아간 것이다. 그런데 불과 10년 전에는 이 집값들이 모두 1억대였다고 한다. 가이드는 집을 사지 않은게 가장 후회된다고 했다. 한국이나 중국이나 집값이 천정부지로 오르긴 매한가지고, 후회는 늘 서민의 몫이라는 생각에 안타까웠다.

중국은 인구가 많은 국가라 그런지 핀테크 산업이 빠르게 발전했다. QR코드를 스캔하여 상대방에게 돈을 보내는 문화가 대중화되었는데, 거스름돈을 주고받는 일이 거의 없다. 심지어는 길거리 노점에서 과일 파는 할머니도 위챗페이의 QR코드를 놓고 장사를 하셨다. 돈을 주면 더러운 지폐를 왜 주냐는 인식이 있다고 한다. 코인 노래방 대신 QR코드 노래방이 있어서 위챗페이로 결제하면 노래방 기계가 작동되었다. 마치 영화 속에 들어온 느낌이었다. 세계 최고 드론회사 DJI와 5G장비로 얘기가 나오고 있는 화웨이도 심천에 있는데, 그중 DJI에 다녀왔다. 세계적인 기업들이 있어서 보고 배울 점이 많았다. 우선은 지인 소개로 아는 여행사에서 상품을 기획해서 왔는데, 중국어를 조금 배우고 나서 아이들과 다음 '한 달 살기'로 오려고 점찍어두었다.

⊰꿈꾸는 모든 것이 현실이 되는 순간⊱

육아와 집, 여행 등 내 인생에 찾아온 기적을 이야기한 이유는 자랑하기 위해서가 아니다. 내가 노력해서 잘됐다기보다는 운이 좋았다. 나는 책을 통해, 사람을 통해, 좋은 운을 끌어당겼다고 믿는다. 북테크 이후, 나의 삶은 하루가 다르게 변화하고 있다. 내 삶의 변화가 이 책을 읽은 누군가에게 북테크를 시작하는 계기, 북테크를 지속할 희망이 되었으면 한다.

나는 지난 몇 년간 짠순이로 살아서 그런지 물건을 소유하는 것에 큰 관심이 없다. 돈을 벌게 되면 갖고 싶은 걸 마음껏 가질 수 있어 신이 날 줄 알았는데, 별로 가지고 싶은 게 없다는 것이 신기했다. 대신 경험하고픈 게 참 많아졌다. 세상을 더 많이 보고, 새로운 것에 대해 사람들과 이야기를 나누고 싶다. 독서를 통해 간접 경험하면서 세상에 대해 궁금한 것이 많았는데, 앞으로는 그것을 직접 경험하는 데 또 시간을 보내지 않을까.

스물넷의 어린 나는 사실 남의 덕을 보고 살려는 마음이 많았다. 정년이 보장되는 직업의 남자와 결혼했고, 펀드에 내 전 재산을 맡겼다. 그리고 나는 아무것도 하지 않았다. 아이는 낳기만 하면 저절로 자라는 줄 알았다. 결혼만 하면 드라마 속 여주인공처럼 우아하게 살 줄 알았던 철부지였다.

그러다 경제적으로도, 정신적으로도 완전히 무너져내린 후 나는 늘 책과 함께했다. 거의 30년 가까이 어린아이처럼 남의 덕을 보고 살려고 했다가 크게 데고 나서 비로소 정신을 차리게 되었다. 세상은 덕 보고 살려고 하는 사람에게 아무것도 주지 않는다는 사실을 알았다.

그저 좀더 잘살고 싶어서 열심히 저축했고, 다시는 내 돈을 잃고 싶지 않아 공부했다. 남들이 즐기고 소비하는 것을 좇지 않았고, 아이들에게 비싼 교육 못해줘도 불안해 하지 않았다. 어떤 경우에도 부정적인 말에 휩쓸리지 않으려 노력했고 무슨 일이 있어도 포기하지 않았다. 그것이 결혼이든 재테크든 육아든 말이다. 앞으로도 남과 비교하지 않고 내 길을 갈 것이다.

나는 재테크 전문가이기 전에 내 인생의 전문가다. 내 삶은 오직 나를 위해 맞춤설계되어 있다. 그러니 나를 따라 할 필요는 전혀 없다. 이 책을 읽는 분들 모두 자기 인생의 전문가가 되길 바라며, 내 삶의 온전한 주인으로 살게 하는 독서의 기쁨을 함께하고 싶다.

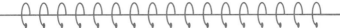

부자엄마 선언서 #5: 완성

"꿈꾸는 모든 것이 현실이 된다!"

● 만약 경제적 자유를 누리는 것이 꿈이라면,
   경제적 목표를 적고 매일 소리내어 말해보자.

   나는 _____년에 연소득 _____를 번다.

   _____년까지 순자산 _____를 달성한다.

● 이사하고 싶은 집을 적어보자.

   아파트 이름 :
   평형 :
   가격 :
   대출금액 :
   잔금 :
   현재 가용자금 :
   필요한 돈 :

TV 대신 책을 선택하고,

가난 대신 부를 선택하는,

말하는 대로 모두 이루어지는 당신의 삶을 응원하며……!

이 '마지막'이 누군가에겐 '시작'이길

　나는 경제학자도 아니고 부동산 전문가도 아니다. 그저 혼자 책으로 경제를 공부하고, 발로 뛰어다니며 부동산 투자를 했을 뿐이다. 그래서 경제나 재테크와 관련해 내가 하는 이야기가 정답은 아니다. 나는 독서 전문가도 아니다. 1년에 100권 이내의 가벼운 책을 읽는 평범한 독자일 뿐이다.

　그럼에도 독서, 그것도 돈 되는 독서에 대한 책을 쓰게 됐다.

　내가 만약 좋은 교육을 받았다면 이렇게까지 책에 몰입하지 않았을 것이다. 믿고 따를 길잡이가 있었다면 안 그래도 살림과 육아로 눈코 뜰 새 없이 바쁜데, 없는 시간을 쪼개가며 책을 읽지 않았을 것이다. 내가 만약 돈이 많았다면 어떻게든 돈을 벌어보겠다고 다른 사람들이 돈을 번 방법을 공부하지 않았을 것이다. 아이들이 없었다면 더 나은 사람, 너 좋은 사람이 되겠다며 발버둥치지 않았을 것이다.

공부를 못했고, 주변에 사람이 없었고, 돈이 없었고, 그런데 아이는 셋이었다. 그래서 나는 공부했고, 사람을 만났고, 돈을 벌었다. 아이들을 위해서, 아이들과 함께 성장하기 위해서 고군분투했던 나날들이었다. 아이들도 나도 행복하게 살고 싶었다. 돈 때문에 걱정하고 싸우고 불행하게 살고 싶지 않았다.

처음에는 좋은 엄마가 되려고 책을 읽었고, 그다음에는 부자엄마가 되려고 책을 읽었다. 얼굴이 좀 알려지면서는 인정받고 사랑받기 위해 책을 읽었다. 그러나 지금은 존재 자체로, 있는 그대로의 나를 사랑하기 위해 책을 읽는다. 서른여섯, 나는 이제야 비로소 내가 무엇을 향해 지금까지 달려왔는지 조금 알게 되었다. 지나고 보니 내가 겪은 시행착오는 모두 나를 성장시키는 기회였다. 포기하고 싶었던 순간마다 내 곁에는 늘 최고의 스승인 책이 있었다.

데이비드 호킨스 박사님은 사람이라면 누구나 좋은 것을 원하지만, 모두가 좋은 것을 알아보지는 못한다고 했다. 나는 독서를 통해 나를 더 사랑하게 되었고 나에게 풍요를 누릴 만한 자격이 있다고 믿게 되었다. 그러자 좋은 것을 한눈에 알아보는 안목이 생겼고 또 그것을 선택하는 힘이 생겼다.

이제 어느 정도는 바라던 삶을 꾸려가고 있는 것 같다. 내가 그랬듯 누군가 이 책을 읽고 나도 할 수 있다는 희망을 품을 수 있다면, 나도 해보겠다는 의욕을 불태울 수 있다면, 더 바랄 것이 없겠다. 나 역시 멈추지 않고 계속 꿈꾸고 공부하고 이루며 살아갈 것이다.

독서를 통해 성장하는 눈부시게 아름다운 이 길을 여러분과 꼭 같이 걷고 싶다. 이 책의 마지막이 누군가에게는 새로운 시작이 되기를 간절히 바란다.

"부자엄마로 살아갈 당신의 미래를 응원합니다."

아들 셋 엄마의 돈 되는 독서

1판 1쇄 발행 2018년 11월 5일
1판 5쇄 발행 2020년 1월 10일

지은이 | 김유라

발행인 | 박재호
편집팀 | 고아라, 홍다휘, 강혜진
마케팅팀 | 김용범
총무팀 | 김명숙

디자인 | 김윤남
일러스트 | 키큰나무
종이 | 세종페이퍼
인쇄·제본 | 한영문화사

발행처 | 차이정원
출판신고 | 제25100-2016-000043호
주소 | 서울시 마포구 양화로 156(동교동) LG팰리스 814호
전화 | 02-334-7932 팩스 | 02-334-7933
전자우편 | 3347932@gmail.com

ⓒ 김유라 2018

ISBN 979-11-88388-68-4 (03320)

이 도서의 국립중앙도서관 출판예정도서목록(CIP)은 서지정보유통지원시스템 홈페이지
(http://seoji.nl.go.kr)와 국가자료종합목록 구축시스템(http://kolis-net.nl.go.kr)에서
이용하실 수 있습니다. (CIP제어번호: CIP2018034146)